W0382112

L'EFFET GUÉRISSEUR DE l'arbre

CLEMENS G. ARVAY

L'EFFET GUÉRISSEUR DE l'arbre

Les bénéfices émotionnel, cognitif et physique de la biophilie

ÉDITIONS FRANCE LOISIRS

Édition du Club France Loisirs,
avec l'autorisation des Éditions Le Courrier du Livre

Éditions France Loisirs,
31, du Val de Marne, Paris.
www.franceloisirs.com

Le Code de la propriété intellectuelle n'autorisant, aux termes des paragraphes 2 et 3 de l'article L. 122-5, d'une part, que les « copies ou reproductions strictement réservées à l'usage privé du copiste et non destinées à une utilisation collective » et, d'autre part, sous réserve du nom de l'auteur et de la source, que les « analyses et les courtes citations justifiées par le caractère critique, polémique, pédagogique, scientifique ou d'information », toute représentation ou reproduction intégrale ou partielle, faite sans le consentement de l'auteur ou de ses ayants droit ou ayants cause, est illicite (article L. 122-4). Cette représentation ou reproduction, par quelque procédé que ce soit, constituerait donc une contrefaçon sanctionnée par les articles L. 335-2 et suivants du Code de la propriété intellectuelle.

Traduit de l'allemand par Alma Terrasse

© Le Courrier du Livre, 2016.

Tous droits de reproduction, traduction ou adaptation, réservés pour tous. pays.

ISBN : 978-2-298-13798-9

Sommaire

Préface de Ruediger Dahlke

J'ai rarement été aussi étonné et j'ai peu souvent autant appris et pris plaisir qu'à la lecture de ce merveilleux livre. Clemens G. Arvay a apporté la preuve scientifique sur beaucoup de choses qui font partie de ma vie. Autrefois, je dormais souvent dehors, dans la forêt ou sur la terrasse, et j'ai écrit la plupart de mes livres dans la nature, entouré de plantes vertes sur lesquelles je laissais mon regard souvent se poser. À Bali, j'aime mon salon qui est dans mon jardin rempli de plantes tropicales.

TamanGa, qui est notre centre au sud de la Styrie, signifie « jardin » en indonésien. Enfant, je voulais être jardinier. J'ai toujours eu la sensation que la nature pouvait soigner ; je le sens toujours et je bois beaucoup de smoothie vert pour me faire du bien. Maintenant, j'en ai la preuve scientifique. Je remercie Clemens, en tant que biologiste, de nous avoir permis de le découvrir.

En 1984, lorsque j'ai lu dans la revue *Science* l'article de Roger Ulrich, j'ai senti intuitivement, en tant que jeune médecin de 33 ans, à quel point il avait raison et à quel point nos hôpitaux avaient tort. Ulrich démontrait que le fait d'avoir une chambre à l'hôpital avec une vue sur la nature accélérait la guérison. Ulrich a poursuivi ses recherches. Il a découvert que les patients qui avaient une vue sur des arbres avaient moins besoin d'antidouleurs et que s'ils en avaient besoin, leur dosage était moins fort. Les complications post-opératoires étaient également moins importantes.

Une seule plante d'intérieur dans la chambre permet d'améliorer la guérison et de diminuer les besoins en antidouleurs. Mais elles sont interdites dans nos hôpitaux pour des raisons sanitaires. Le professeur Ulrich a également prouvé que le fait de regarder un film ou des photos sur la nature améliorait la santé et la guérison.

Les scientifiques ont observé la même chose dans les hôpitaux pour personnes âgées. Lorsque les vieilles personnes se promènent dans des jardins, elles ont moins besoin d'antidouleurs et d'antidépresseurs. Pourtant, rien n'a changé dans nos hôpitaux vétustes.

Mais l'existence de médecins de la forêt comme Qing Li donne de l'espoir. J'avais peur que l'étude d'Ulrich n'ait aucune conséquence dans notre monde où les grands laboratoires pharmaceutiques misent sur le profit et la vente. Le professeur Li a fait des tests à partir de l'urine de ses patients et a constaté que l'atmosphère de la forêt réduisait le taux d'hormone du stress. Puis, il a été démontré que la forêt active le nerf vague, le nerf responsable de la paix et de la détente.

Les scientifiques japonais qui ont fait des recherches sur la tradition japonaise, le *shinrin-yoku*, la baignade en forêt, partent du principe que la forêt, qui a pour effet de diminuer le stress, communique avec nous grâce aux terpènes.

J'avais toujours pensé qu'il était possible de communiquer avec les plantes, mais seulement d'un point de vue spirituel. Paul Brenner, notre jardinier de *TamanGa*, a raconté qu'il communique consciemment avec les plantes depuis des années et qu'il part du principe que les plantes savent ce dont elles ont besoin, et je le crois. Dans ce sens, jardiner et maintenir une bonne relation avec les légumes et les fruits est important. Cependant, si j'avais remarqué que Paul Brenner soignait les plantes et qu'elles avaient l'air très épanouies, il m'en manquait la preuve scientifique ; mon médecin intérieur restait sceptique.

Il en était de même pour le jardin de Findhorn en Écosse. Je constatais à quel point là-bas les plantes donnaient de beaux fruits et de belles fleurs grâce à la communication avec les dévas, « les esprits des plantes », et cela même sur un sol pauvre et sablonneux.

Quand j'ai demandé à un *cuandero*, un chaman péruvien, pourquoi il savait qu'il devait mélanger à la chacruna, plante à effet psychotrope, un inhibiteur de la monoaminoxidase, l'ayahuasca, pour empêcher que l'estomac détruise le premier, il m'a tout simplement répondu qu'il avait demandé à la plante. Et quand il m'a envoyé dans la forêt pour que je puisse trouver les plantes sacrées pour mon voyage, il m'a assuré qu'elles allaient m'appeler. Mais comme je l'avais prévu, elles ne m'ont pas parlé.

Depuis ce livre, je sais au moins que les plantes communiquent à travers des phéromones ainsi qu'en faisant des bruits de clics avec leurs racines et que la forêt est un seul être vivant qui communique. Je repense souvent à mon expérience dans la forêt vierge et je me demande combien de plantes parlent avec les scientifiques qui ont des revendications médicales.

Que les êtres vivants aient un effet guérisseur est un fait avéré depuis longtemps. Paracelse déjà partait du principe que l'amour est le meilleur médicament pour l'Homme. Pour ma part, j'ai pu observer comment les animaux peuvent soigner. Notre « chatte thérapeute » Lola, qui « travaille » dans la salle d'attente, se met sur les parties du corps qui sont malades et ronronne. Quant à James Lynch, il a prouvé que les chiens sont les thérapeutes idéaux pour les patients qui font de l'hypertension.

Nous avons aussi appris des scientifiques coréens et japonais que notre être vivant « forêt » pouvait également guérir. Ils ont prouvé qu'une promenade en forêt fait baisser la tension et que passer du temps dans la ville augmente au contraire la pression artérielle.

L'« énergie verte » de Hildegarde de Bingen apparaît dans plusieurs études. Passer du temps en forêt renforce notre système immunitaire et augmente nos cellules tueuses qui de plus sont plus actives.

La médecine naturelle sait depuis longtemps que les plantes soignent, qu'elles jouent un rôle positif dans les cas de cancers ainsi que les problèmes cardiaques. C'est grâce à Clemens Arvay que j'ai appris avec émerveillement qu'il n'était pas nécessaire de les ingurgiter pour se faire du bien. La médecine naturelle l'avait déjà suggéré.

Clemens Arvay prouve que la communication biologique existe sur plusieurs niveaux, celui de l'inconscient, mais également celui du système immunitaire. Les plantes communiquent avec nous également grâce aux molécules.

Je l'ai même vécu une fois, sans l'avoir vraiment compris. J'ai toujours replanté nos sapins de Noël après les fêtes. Un jour, j'ai pris un arbre qui avait deux troncs et dont personne ne voulait. Après l'avoir replanté dans notre jardin, j'ai remarqué avec étonnement qu'au bout d'un an, le tronc se penchait pour devenir une branche. Je n'arrivais pas à me sortir de la tête l'idée que l'arbre s'était dit qu'un arbre décent n'a qu'un tronc. Pour moi, à cette époque, les arbres ne pouvaient pas voir. Je sais maintenant qu'ils peuvent sentir, et cela, sans nez. C'est ainsi qu'ils s'informent de l'invasion de parasites et peuvent ensuite produire des anticorps. Ils peuvent même appeler à l'aide des animaux qui mangent les parasites. Vous allez l'apprendre dans ce livre.

Le livre de Clemens Arvay est une véritable mine d'or et il est rempli de secrets incroyables. Les lecteurs feront l'expérience de la thérapie de la forêt et apprendront que les cimes des arbres sont des stations d'émission, que l'air de la forêt est rempli de terpènes anticancérigènes qui renforcent le système immunitaire. Celui qui passe deux jours d'affilée dans la forêt a pendant sept jours plus de cellules tueuses dans son sang que d'habitude. Celui qui passe trois ou quatre jours dans la forêt augmente son nombre de cellules tueuses pendant trente jours. Ainsi, les cellules tueuses peuvent éliminer les virus de notre organisme. Puis, je pense au mot « forêt enchantée » et je suis très heureux d'écrire ce texte alors que je suis assis dans ma petite forêt tropicale.

L'air de la forêt est donc, cela a été prouvé, un merveilleux médicament et le médicament le plus naturel que nous connaissons. Cela ne m'impressionne plus de savoir que les scientifiques japonais ont prouvé que les gens qui vivent dans des régions forestières meurent moins de cancer que dans les régions sans forêt.

Le livre de Clemens G. Arvay démontre bien comment notre esprit est lié à notre système immunitaire et comment cela a été prouvé scientifiquement. Reconnaissons dorénavant que la nature peut être notre thérapeute.

Ce livre devrait révolutionner la médecine, comme je l'avais espéré pour mon livre *Peace-Food*, qui a su toucher un public malgré le pouvoir des industries et des politiques. Nous n'avons pas besoin de médecins pour nous nourrir sainement, seulement de plantes saines. Nous n'avons pas non plus besoin de chefs de service hospitalier qui rangent les terpènes, il suffit de se promener dans la forêt. Je suis sûr qu'il y a encore plus à découvrir dans les plantes que les seuls terpènes qui favorisent la guérison. Pour moi, c'est la confirmation que le tout est toujours la somme de ses parties. C'est l'énergie de vie de la forêt qui nous renforce. Un jour, on pourra prouver que passer du temps dans une forêt est plus sain que de passer du temps dans un champ parsemé de pins.

Et puis, un jour, nous reconnaîtrons que Mère Nature veut tout bien faire et que nous avons seulement besoin de l'écouter et de lui rendre visite. Et le plus beau, c'est qu'elle est toujours là pour nous, qu'elle ne coûte rien et qu'elle est très généreuse. Elle est la meilleure guérisseuse, elle est intelligente, elle a une approche globale, et surtout elle est capable de provoquer des miracles.

Je souhaite à ce livre beaucoup de succès, autant qu'il y a d'arbres dans la forêt et d'êtres sensibles sur la Terre !

Ruediger Dahlke, *TamanGa*

L'effet de la biophilie

« Nous avons des racines
qui ne poussent pas dans le béton. »

« *J'appelle cet arbre mon "arbre à cadeau"*, dit Michael Jackson, *il m'inspire.* » Le roi de la pop conduisit l'interviewer anglais de la chaîne de télévision ITV2 à son arbre. « *D'une manière générale, j'aime monter aux arbres. Mais j'aime particulièrement cet arbre. Je monte sur ses branches et j'aime observer de là-haut. Il m'inspire tellement. J'ai écrit de nombreuses chansons dans cet arbre* : Heal The World, Will You Be There, Black or White, Childhood. » Le roi de la pop rayonnait.

Incrédule, le journaliste regardait le grand arbre. Il demanda : « *Vous dites que vous montez aux arbres ?* »

Michael Jackson montra l'arbre et répondit : « *Les branches ont différentes fonctions. Cette grosse branche-là, en biais, est comme une sorte de lit.* » Puis, Jackson grimpa à l'arbre en riant avec l'agilité d'un enfant. Il prit place tout en haut, observant le parc vert et les branches. Il devint songeur[1].

Ce vieil arbre avec son écorce rugueuse avait donc servi d'inspiration pour écrire certaines des chansons les plus connues de notre époque. La nature charmait Michael Jackson, lui donnait des ailes. Quelque chose en lui le poussait vers les arbres.

Andreas Danzer, musicien et journaliste, fils du chanteur autrichien Georg Danzer, sait, pour l'avoir vécu, que la nature permet de trouver l'inspiration. Il existe un lieu sur la côte dans son enfance en Espagne qui lui servait souvent de refuge. De ce rocher, il pouvait observer la mer jusqu'à la côte marocaine. « *Lorsque j'avais besoin de tranquillité ou que j'avais fait une crise, je m'asseyais sur le rocher. Sa paroi descendait jusque dans la mer.* » « *Comme d'autres comptent jusqu'à dix lorsqu'ils sont sous stress ou respirent profondément* », Andreas rappelle à sa mémoire ce rocher dont il se souvient de tous les détails. Et cela l'aide à chaque fois à se détendre.

Andreas Danzer est tombé malade en 2011. Il a commencé à s'intéresser aux effets curatifs de la nature lorsqu'il a fait un séjour de six mois à l'hôpital à cause d'une tuberculose pulmonaire. Au début, il n'avait pas le droit de quitter sa chambre d'hôpital, et de toute façon, il était trop faible pour bouger. Puis, il se rendit tous les jours dans une belle région naturelle aux alentours. Les médecins

1. Interview de Michael Jackson pour la ITV2, https://www.youtube.com/watch?v=e6J7aQ4ptSI.

lui en avaient donné la permission. Il s'asseyait toujours sur le même tronc d'arbre, à l'orée de la forêt. « *Il y avait toujours une famille de cerfs,* raconte-t-il, *ils maintenaient tout d'abord une distance de sécurité, mais au bout de deux semaines, ils ont fini par accepter ma présence et s'approcher. J'étais assis parmi eux et je me sentais comme Dian Fossey dans* Gorilles dans la brume. »

Andreas remarqua que l'épuisement de la maladie diminuait avec chaque promenade en forêt auprès de la famille de cerfs. « *Je reprenais espoir. J'avais plus de force pour surmonter la maladie. Ma fascination pour ces animaux et la forêt détournait mon attention de mes symptômes physiques. L'air frais faisait du bien à mes poumons et l'activité physique m'aidait à travailler mes muscles qui avaient souffert après mon séjour au lit. Je transpirais en montant la montagne pour arriver à cet endroit, ce qui évacuait les toxines des médicaments et diminuait les effets secondaires. Je renforçais mes muscles et ma santé mentale et établissais des liens avec la famille de cerfs.* »

Andreas prenait conscience qu'il faisait partie de la nature et du cycle de la vie. Il en était certain : « *Chacun de nous ressent profondément en soi le besoin de connexion à la nature. Nous avons des racines et ces racines ne poussent pas dans du béton.* »

Erich Fromm, psychothérapeute et philosophe qui vécut de 1900 à 1980, appelait ce désir nostalgique de la nature la « biophilie ». Ce mot, qui vient du grec, veut dire littéralement : « amour de la vie ».

Le biologiste américain Edward O. Wilson, professeur à l'université de Harvard, a repris ce terme à la mort d'Erich

Fromm pour établir ce qu'il a nommé « l'hypothèse de la biophilie ». Wilson décrit le besoin humain d'établir des liens avec les autres formes de vie. Il en va ainsi de notre lien à la nature qui résulte d'un processus d'évolution de plusieurs millions d'années. L'homme vient de la nature, se développe avec elle et en rapport avec elle. Comme les autres formes de vie, l'homme doit être considéré comme une partie intégrante de la nature. En nous se trouve la même force de vie que celle qui agit sur les plantes et les animaux. Nous faisons partie du réseau de la vie, le « *Web of Life* », comme le dit Edward O. Wilson.

C'est lorsque nous entrons en contact avec nos racines qui ne poussent pas dans du béton, comme l'a effectivement dit Andreas Danzer, que la biophilie peut agir. La biophilie, c'est l'expérience de la nature et du sauvage, c'est la beauté naturelle et l'esthétique, la libération et la guérison. C'est ce dont il s'agit dans ce livre.

Ce que Hildegarde de Bingen ne pouvait pas savoir

Comment les plantes communiquent avec notre système immunitaire et nous guérissent

« Il existe une force de l'infini et cette force est verte. »
Hildegarde de Bingen, 1098-1179[1]

1. *Das Große Buch der Hildegard von Bingen – Bewärtes Heilwissen für Gesundheit und Wohlbefinden* (livre non traduit), Éditions Komet, Cologne, 2011, p. 35.

Hildegarde de Bingen, religieuse bénédictine du XIIe siècle, mit par écrit tout son savoir à propos des plantes. Plus de neuf cents ans plus tard, son nom est toujours synonyme de médecine des plantes pour beaucoup d'entre nous. Elle appelait l'énergie qui se trouve dans les plantes et dans toutes les formes de vie « l'énergie verte ». Elle connaissait le lien curatif entre les hommes et la nature. Elle tenait la majeure partie de son savoir des paysans du Moyen Âge. La recherche découvre de nos jours ce que Hildegarde n'aurait jamais imaginé. Les plantes, qui lui tenaient tant à cœur, n'agissent pas seulement avec leurs substances végétales. La science moderne est en mesure aujourd'hui de prouver ce dont Hildegarde se doutait il y a fort longtemps.

Les plantes communiquent directement avec notre système immunitaire et notre inconscient sans que nous ayons besoin de les toucher, ni de les manger. Cette découverte à propos de l'interaction entre l'homme et les plantes est très importante pour la médecine et la psychothérapie. Elle nous protège des maladies psychiques et corporelles et nous maintient en bonne santé. Dans le futur, l'interaction avec la nature jouera un rôle très important lors de traitements des maladies physiques et psychologiques. Il ne doit plus y avoir d'hôpitaux sans jardin ou accès à un pré ou une forêt, plus de zones urbaines sans nature et plus de ville sans espace vert.

Les plantes nous soignent sans que nous ayons besoin de les transformer en thés, pommades, essences, huiles, parfums, gouttes ou comprimés. Elles communiquent avec notre système immunitaire et notre inconscient. Hildegarde aurait probablement eu du mal à comprendre ce concept, elle qui ne vivait pas à l'époque de la biologie, des neurosciences et de l'immunologie.

Ce chapitre met en avant la communication entre les plantes et notre système immunitaire. Nous parlerons un peu plus tard de notre inconscient.

Conversation entre feuilles : les plantes peuvent-elles vraiment communiquer ?

« *Les plantes font des alliances et communiquent entre elles.* »
Florianne Koechlin, biologiste et journaliste scientifique[1]

Lorsque j'ai commencé à travailler sur ce livre, j'ai publié les lignes en italique que vous venez de lire, sur ma page Facebook. Je voulais tester les réactions des lecteurs. J'ai récolté des réactions intéressées, mais également d'autres plus sceptiques. Un utilisateur du nom de Hanspeter, qui avait lu mes livres, élabora des hypothèses à propos de la rédaction de mon livre et laissa le commentaire suivant :

1. Tiré de la revue *Ökologie und Landbau* 4 (revue allemande qui s'adresse aux chercheurs et spécialistes – NdT), Fondation Ökologie und Landbau, Bad Dürkheim, 2012, p. 36.

« Euh, ce n'est sûrement pas toi qui as écrit le livre ? Est-ce que j'ai loupé quelque chose ? Non, je ne veux pas lire de livre dans lequel il y a marqué que les plantes communiquent avec notre système immunitaire et notre inconscient sans que nous ayons besoin de les toucher. C'est de la bêtise ésotérique et cela n'a aucun intérêt. »

Bêtise ésotérique ? Aucun intérêt ? Hanspeter se trompait. Je m'appuyais sur des faits scientifiques tout à fait dignes d'intérêt, qui pouvaient révolutionner notre système de santé.

Il s'ensuivit un débat animé entre les lecteurs sur Facebook. En près de deux heures, il y avait environ 200 commentaires et de nombreux « J'aime ». La plupart des utilisateurs avaient un problème avec le terme « communication » s'agissant des plantes. Hanspeter et de nombreux lecteurs continuaient à se rebeller contre le fait que j'avais évoqué ce mot. Selon eux, celui qui pensait que les plantes pouvaient communiquer entre elles et avec le corps humain n'était pas à prendre au sérieux ou avait simplement envie de faire parler de lui. Était-ce vraiment le cas ?

Hanspeter et ceux qui étaient de son avis se trompaient sur un point fondamental et évident. Lorsqu'au quotidien, on parle de « communication », on entend par là une discussion entre les personnes. Nous discutons entre nous, nous nous écrivons des mails et des lettres, nous entamons des discussions lorsque nous nous croisons dans la rue. Si communiquer ne veut dire qu'échanger des paroles humaines, alors il est étrange de dire que les plantes communiquent entre elles. Hanspeter n'aurait probablement pas eu du mal à entendre que les chiens et les chats communiquent entre eux et avec les humains. Les chats et les chiens ne possèdent pas le langage humain, mais ils trouvent toujours le moyen de nous faire entendre ce qui les perturbe et ce dont ils ont besoin. D'après la plupart des propriétaires animaliers, cette communication non verbale fonctionne très bien.

Ce qui est tout à fait imaginable pour les animaux semble impossible pour les plantes. Les plantes ne communiquent pas verbalement, n'ont pas d'organes pour produire des sons, comme c'est le cas pour les chiens. Elles n'ont pas non plus d'yeux pour nous regarder d'un air déchirant et n'ont pas de mimique que l'on puisse interpréter. La plupart des plantes ne peuvent même pas bouger, restant enracinées au même endroit. Qui pourrait donc blâmer Hanspeter de ne pas prendre au sérieux la communication entre les plantes ?

Notre définition de la communication est beaucoup trop limitée et il nous faudrait la changer afin d'avoir une meilleure compréhension de ce qu'est le monde. Communiquer ne se résume pas au simple fait de parler ensemble ou de faire des signes comme les chiens. Selon un dictionnaire de psychologie renommé[1], la communication est le fait de transmettre des informations entre un émetteur et un récepteur. On envoie donc une information qui est réceptionnée et décodée par un autre. Les plantes en sont tout à fait capables. Elles sont de vrais maîtres dans l'art d'envoyer des informations, de les recevoir et

1. Hartmut Häcker, Kurt Hermann Stampf et Friedrich Dorsch, *Dictionnaire de psychologie*, Éditions Hans Huber, Berne, 2014.

de les décoder. Elles sont donc des expertes dans l'art de communiquer.

Pour que la communication puisse fonctionner, elle doit être codée d'une façon ou d'une autre. Nous, les humains, communiquons par la parole. Les mots ont un sens. Nous nous entendons suffisamment sur eux pour que cela fonctionne au quotidien. Les informations que nous nous envoyons peuvent être codées différemment. Les ordinateurs, par exemple, envoient des rangées de zéros et de un sans fin.

Les plantes communiquent entre elles, comme les insectes, grâce à des substances chimiques. Elles envoient des molécules, de petites substances chimiques composées d'atomes. Ces molécules peuvent être comparées à la voix humaine, car tout comme les mots, elles transmettent certaines significations et donc des informations ; elles constituent le « vocabulaire des plantes ». La plante qui transmet une molécule est une émettrice, la plante qui la reçoit et la comprend est la réceptrice. « Comprendre » veut dire dans ce cas que la plante sait ce qu'il faut faire du message. Elle comprend ce que le message signifie et sait réagir. Ce qui se passe remplit donc tous les critères de définition du mot « communication ».

Ces substances ne sont pas envoyées fortuitement. Les plantes envoient les molécules à bon escient et de façon sûre. Un exemple classique : lorsqu'elles sont attaquées par des parasites, les plantes envoient des substances pour alarmer les autres plantes dans leur entourage. Ces substances portent en elles l'information « Attention, parasites » ainsi que des informations les concernant comme nous allons le voir. Les plantes qui ont été prévenues se mettent alors à sécréter des anticorps sans qu'elles soient entrées en contact avec les parasites. Leur système immunitaire réagit donc à la nouvelle et s'active. Mais ce n'est pas tout. Ces molécules de communication alarment non seulement les autres plantes, mais appellent aussi les ennemis des parasites qui viennent se régaler. Les plantes communiquent également avec les animaux. Et plus encore : leurs messages chimiques contiennent des informations concernant les attaquants et l'ampleur de l'attaque. Ceux qui reçoivent les messages se préparent. Les plantes produisent les anticorps nécessaires pour se protéger et les ennemis des parasites préparent leurs troupes en fonction du besoin des plantes.

« *De façon inattendue, les plantes peuvent s'envoyer et s'échanger des informations compliquées par les parfums* », explique Wilhelm Boland, professeur de chimie organique de l'université de Karlsruhe et de l'institut Max-Planck, au *Spiegel*[1]. « *Nous espérons pouvoir comprendre ce langage* », poursuit le professeur. Boland s'intéresse particulièrement au fait que « *les plantes ne disent pas seulement qu'elles sont blessées, mais elles disent précisément qui les a blessées* ». Dans une interview pour la revue spécialisée *Ökologie und Landbau*, la biologiste, chimiste et journaliste scientifique suisse Florianne Koechlin évalue en nombre la communication des plantes. Elle explique[2] : « *Nous connaissons*

1. « *Die Pflanzenflüsterer* », *Der Spiegel* 26, Hambourg, 2006 (*Der Spiegel* est un hebdomadaire allemand – NdT).

2. *Ökologie und Landbau* 4, Fondation Ökologie und Landbau, Bad Dürkheim, 2012, p. 37.

désormais le vocabulaire de 2 000 parfums de plus de 900 familles de plantes. »

Nous pouvons partir du principe que la science va déchiffrer d'autres nombreux messages de plantes. La plupart de ces « mots » chimiques font partie des groupes des terpènes. C'est un grand groupe de substances végétales secondaires, dont font partie 40 000 représentants[1], qui remplissent diverses fonctions. On trouve des terpènes également dans les huiles essentielles de plantes. On peut parfois les voir : peut-être avez-vous déjà remarqué une brume bleue dans la forêt lorsqu'il fait chaud ? Les arbres se protègent ainsi des rayons du soleil. Mais les plantes ne libèrent pas les terpènes uniquement pour se protéger du soleil ou pour attirer les animaux lorsqu'elles ont besoin de leurs services ou encore pour prévenir les autres plantes des attaquants afin qu'elles puissent mobiliser leurs défenses immunitaires. Elles produisent des terpènes également pour empoisonner les parasites et les tuer ou pour éloigner, par leur mauvais goût, les prédateurs qui voudraient les manger. Elles repoussent également les plantes avec lesquelles elles sont en concurrence et qui ne sont pas de la même famille. Les champignons communiquent également entre eux par les terpènes pour indiquer à leurs cellules reproductrices le chemin vers un partenaire sexuel compatible. Les champignons ont une drôle de façon de se reproduire.

---

1. Pour les scientifiques, il s'agit en fait de 8 000 terpènes et de plus de 30 000 terpénoïdes. Voir l'ouvrage d'Andreas Bresinsky et de ses collaborateurs, *Strasburger Lehrbuch der Botanik*, Éditions Springer, Heidelberg, 2008, p. 358 et 362.

Les plantes peuvent donc communiquer. C'est certain. Bien sûr, nous n'affirmons en aucun cas que cette façon de communiquer est consciente ou qu'elle ressemble à la conscience humaine. Nous savons, par exemple, que nos organes communiquent entre eux et avec le cerveau et que chacune de nos cellules communique avec la cellule voisine, et pourtant, nous ne leur attribuons en aucun cas une conscience individuelle. La communication des plantes est guidée par des règles naturelles complexes pour lesquelles on ne doit pas supposer qu'il y ait une conscience. C'est l'intelligence de la nature qui s'active. Peut-être est-ce quelque chose de semblable à « l'énergie verte » de Hildegarde de Bingen ? Un détail passionnant : les biologistes se sont rendu compte que les plantes communiquaient entre elles au moyen de bruits produits par leurs racines. Mais malheureusement, ces signaux bioacoustiques n'ont pas pu être encore déchiffrés.

Hanspeter de Facebook devrait avoir laissé tomber une partie de ses doutes. Les plantes peuvent communiquer et elles le font en émettant des terpènes. Mais quel est le rapport avec notre système immunitaire ? Est-ce de la superstition que d'affirmer que les plantes communiquent avec notre corps humain sans que nous ayons besoin d'entrer en contact avec elles ou de les manger ? Pour répondre, commençons par parler de la tradition japonaise.

La plante au système immunitaire : « Plus de cellules tueuses et de protection contre le cancer »

« Nous sommes confrontés à cette étonnante réalité : le système immunitaire est un système sensoriel qui est capable de percevoir, de communiquer et d'agir. »
Joel Dimsdale, professeur de psychiatrie à l'université de Californie, San Diego[1]

Nous sommes dans une période de transition. Les scientifiques font une découverte importante après l'autre concernant notre système immunitaire. Peu à peu, on se rend compte à quel point l'homme est lié et imbriqué à son environnement. Nous avons découvert que le fait de considérer scientifiquement le corps humain comme une machine isolée de son environnement était une erreur. Cette façon de considérer l'Homme est en train de s'effondrer à travers le développement de l'immunologie.

D'après le professeur de médecine et psychiatre de l'université de Californie, Joel Dimsdale, « *quasiment chaque maladie, pas seulement les infections ou les maladies du système immunitaire, mais également les artérioscléroses, les cancers et les dépressions, ont des influences d'origine immunologique* ». Le système immunitaire est la clé de notre santé.

1. Joel E. Dimsdale, avant-propos pour *Psycho-Immunologie et Psychothérapie* de Christian Schubert, Éditions S. V. Schattauer, Stuttgart, 2011.

Le système immunitaire communique, agit et prend en compte. Pour les sciences, il s'avère être de plus en plus un organe sensoriel, complexe et énigmatique. Commençons avec le Japon et une de ses traditions : le *shinrin-yoku*. Ce terme signifie « baignade en forêt », ce qui ne veut pas dire qu'on se baigne dans un lac en forêt, mais que, tout comme dans un lac, nous pouvons plonger dans la forêt avec tous nos sens. Les auteurs japonais traduisent *shinrin-yoku* par « respirer l'atmosphère de la forêt ». En 1982, l'Agence des forêts a suggéré de mettre en avant le *shinrin-yoku* et de le promouvoir. De nos jours, respirer l'atmosphère de la forêt est une méthode officielle et reconnue au Japon pour se protéger contre les maladies et soutenir la guérison. Le *shinrin-yoku* est étudié dans les universités médicales et les cliniques, et promulgué par l'État.

En forêt, le système immunitaire de l'Homme, capable de communiquer, rencontre les plantes, capables elles aussi de communiquer. Vous pouvez vous imaginer que cela ne se fait pas sans conséquences. Le bénéfice pour la santé est tellement grand qu'on a créé en 2012 dans les universités japonaises une nouvelle branche d'étude, la médecine de la forêt, à laquelle des scientifiques du monde entier ont décidé de participer.

Regardons la forêt pendant un instant d'un autre œil. Considérons-la comme un habitat complexe dans lequel des milliers de formes de vie communiquent entre elles. Les couronnes des arbres sont des stations d'émission, ils envoient les messages des plantes aux alentours. Les feuilles des arbustes, des buissons, des plantes grimpantes et des plantes médicinales envoient des messages qui sont entendus par les autres plantes et les animaux. Sous terre, les racines dégagent des substances qui contiennent des messages et produisent également des bruits que l'oreille humaine ne peut pas entendre et que les plantes perçoivent comme des vibrations physiques souterraines. La forêt est, comme tout habitat naturel, le lieu d'un échange constant, d'une communication intense. Les molécules s'activent avec des informations que les autres formes de vie déchiffrent. Parmi eux se trouvent les terpènes, le vocabulaire des plantes que j'ai déjà décrit.

Imaginez que vous et votre système immunitaire, toujours en alerte, pénétrez une forêt, haut lieu de la communication. Votre système immunitaire communique avec les autres organes, les systèmes de votre corps et votre cerveau, mais également avec le monde extérieur. C'est un organe sensoriel fait pour percevoir les informations que vous ne pouvez pas percevoir consciemment. Une des tâches du système immunitaire est d'évaluer les stimuli du monde extérieur, de les reconnaître et d'y réagir. Ce peut être des bactéries, mais également des virus ainsi que toutes sortes de substances. Le système immunitaire est donc l'antenne invisible de notre corps avec lequel nous pénétrons dans la forêt.

Élargissons notre perception un peu plus : vous ne vous promenez pas seulement avec un système immunitaire qui communique à travers le monde, mais vous avez également un scientifique avec vous. Ce dernier aimerait bien mesurer quelque chose, comme aiment le faire les scientifiques. Il ne lui suffit pas de savoir qu'une promenade en forêt vous fait du bien et vous détend, que vous vous sentez moins stressé que d'habitude et que cela vous inspire. Il n'est pas satisfait, il veut des chiffres et des mesures précises. Il veut comprendre comment réagit votre système immunitaire.

C'est pour cela qu'après quelque temps dans la forêt, il vous fera une prise de sang et constatera que :

- Le nombre de cellules tueuses de votre système immunitaire a nettement augmenté.
- Vos cellules tueuses naturelles n'ont pas seulement augmenté, mais elles sont plus actives. Cette activité plus intense va durer quelques jours.
- Le niveau des protéines anticancérigènes qui aide le système immunitaire à vous protéger contre le cancer ou à combattre le cancer, si vous êtes malade, a également augmenté.

Je reviendrai plus en détail sur ce que signifient concrètement ces résultats ainsi que sur leur implication pour votre santé. Vous vous demandez certainement ce qui permet à la forêt d'améliorer le niveau de votre système immunitaire. Cela a un rapport avec la communication des plantes.

Lorsque vous respirez l'air d'une forêt, vous inspirez un cocktail de substances bioactives qui ont été libérées par les plantes avec, parmi elles, les terpènes. Lorsque nous marchons en forêt, nous rencontrons les terpènes de la communication des plantes qui sont à l'état de gaz. Nous les absorbons par la peau, mais surtout par les poumons. Les terpènes que j'absorbe par l'air viennent des feuilles et des aiguilles des arbres. Ils se diffusent par les troncs des arbres ainsi que par les écorces de certains arbres, buissons, plantes sauvages, arbustes. Les champignons, les mousses et les fougères les diffusent également. Depuis que je sais cela, j'ai changé ma perception de la forêt. Lorsque je marche dans la forêt, j'ai l'impression de plonger dans un organisme respiratoire qui communique avec moi. J'en fais partie et je respire et communique avec lui.

Quelques terpènes qui interagissent avec nous boostent très fortement notre système immunitaire. Appelons-les « les terpènes anticancérigènes[1] ». L'air de la forêt est comme une potion magique à respirer.

De nombreuses études scientifiques ont démontré que les terpènes anticancérigènes qui se trouvent dans l'air de la forêt sont amis avec notre système immunitaire. Bien qu'ils proviennent de la communication des arbres, des champignons et des herbes, notre système immunitaire peut les lire. Ce qu'il y a de plus fascinant, c'est qu'il les déchiffre de la même façon que les plantes. Les plantes réagissent aux terpènes en renforçant leurs défenses, ce qui fait également réagir le système immunitaire. Les médecins spécialistes de la forêt savent que les terpènes anticancérigènes agissent directement sur notre système immunitaire, qui agit à son tour indirectement sur notre taux d'hormones et réduit les hormones du stress.

Le changement le plus notable que les terpènes anticancérigènes occasionnent concerne les cellules tueuses ainsi que les cellules anticancérigènes. Oubliez les gouttes onéreuses et les comprimés pharmaceutiques pour renforcer votre système immunitaire. Allez plutôt vous promener en forêt et respirer son air ambiant pour combattre les virus !

1. Pour les scientifiques : on a démontré que les isoprènes, les alpha-pinènes, les bêta-pinènes, les limonènes et les 1,8-cinéole sont anticancérigènes et qu'ils fortifient le système immunitaire.

L'air de la forêt augmente le taux des cellules tueuses naturelles

Les cellules tueuses naturelles sont une forme spéciale des globules blancs. Elles sont créées dans la moelle osseuse et nagent dans notre sang où elles exécutent des tâches importantes. Lorsqu'un globule rouge ou une cellule du corps est infecté par un virus, les cellules tueuses naturelles l'identifient et le tuent avec des cytotoxines. Ainsi meurent les virus qui sont attaqués par ces cellules. Les virus ne peuvent pas survivre sans les cellules hôtes. Les cellules tueuses naturelles font de même avec les cellules dégénérées qui peuvent devenir des cellules cancérigènes et s'attaquent de la même façon aux cellules cancéreuses. Cela veut donc dire que les cellules tueuses naturelles effectuent des missions importantes pour notre santé : elles éliminent les virus de notre corps, empêchent la formation des cancers et combattent les tumeurs dans le cas d'une maladie.

De nombreuses études montrent que le nombre des cellules tueuses naturelles augmente lorsqu'on respire les terpènes anticancérigènes qui se trouvent dans l'air de la forêt. Nous savons que ce sont les terpènes qui communiquent avec les plantes qui nous soignent. Les scientifiques ont procédé à des études pour en avoir la preuve, non seulement en forêt, mais ils ont également amélioré l'air dans des chambres d'hôtel dans lesquelles dormaient des sujets d'expérience. Et là, sans la présence d'arbres, le nombre de cellules tueuses naturelles augmentait de façon sensible, mais pas dans les mêmes proportions que dans la nature[1]. Ce sont donc vraiment les terpènes qui se trouvent dans l'air de la forêt qui font effet.

C'est à la Nippon Medical School, une université de médecine de Tokyo qui possède son propre hôpital, que le professeur de médecine Qing Li enseigne et fait des recherches. Il a effectué, entre autres, des études dans la région forestière de la préfecture de Nagano, couverte de forêts et de montagnes, là où se sont déroulés les Jeux olympiques d'hiver de 1998. Le professeur Li a pu démontrer, dans plusieurs études scientifiques, que l'air de la forêt a un effet durable. Il suffit déjà d'une journée dans une région forestière pour que le nombre de cellules tueuses naturelles dans votre sang augmente de près de quarante pour cent. Et lorsque vous passez deux jours de suite dans une région forestière, le taux de cellules tueuses naturelles dans votre sang augmente de plus de cinquante pour cent[2].

Qui passe une journée dans la forêt a pendant plus de sept jours plus de cellules tueuses naturelles dans le sang qu'en temps normal, sans même avoir besoin de retourner dans la forêt. Après un séjour de deux à trois jours dans la forêt, le taux de cellules tueuses naturelles reste élevé pendant trente jours. Il n'est pas nécessaire d'avoir une activité physique pour atteindre ce niveau. Il ne s'agit donc pas de sport ! Nous avons simplement à être présents. Et

1. Qing Li, « *Effect of phytoncides from forest environments on immune function* », dans Qing Li (dir.) *Forest Medicine*, Éditions Nova Biomedical, New York, 2013, p. 159-169.

2. Qing Li et Tomoyuki Kawada, « *Effect of forest environment on human immune function* », dans Qing Li (dir.), *op. cit.*, p. 71.

à respirer. La communication avec les arbres se fait sans notre intervention consciente.

L'air de la forêt rend nos cellules tueuses naturelles plus actives

Passez deux jours de suite dans une région forestière et votre système immunitaire vous en remerciera. C'est grâce aux terpènes anticancéreux qui se trouvent dans l'air de la forêt que vos cellules tueuses naturelles vont augmenter de plus de cinquante pour cent pendant plus de trente jours.

Vous n'avez pas le temps ? Ce n'est pas grave, il suffit d'une seule journée ou de faire une longue promenade en forêt pour augmenter le taux de vos cellules tueuses naturelles pendant environ sept jours[1]. Cela veut dire que chaque cellule tueuse détecte et élimine de façon efficace les virus, les bactéries et les cellules cancéreuses potentielles.

L'air de la forêt permet de multiplier le taux des armes anticancérigènes

Une nouvelle pierre à la médecine de la forêt : notre système immunitaire utilise des protéines bien précises pour combattre les cellules dégénérées et diminuer ainsi les risques potentiels de cancer[2]. Ce sont ces protéines anticancérigènes qui se multiplient lorsqu'on respire l'air

1. Qing Li et Tomoyuki Kawada, *art. cit.*, p. 71 et 77.

2. Pour les chercheurs : ces protéines anticancérigènes sont les perforines, les granzymes et les granulysines.

de la forêt[1]. Elles sont, d'une certaine façon, les petits assistants du système immunitaire. Les cellules tueuses utilisent leur aide dans leur combat contre les cellules cancéreuses lorsqu'elles leur envoient de la cytotoxine. L'une des protéines a par exemple pour tâche de libérer les poisons qui se trouvent dans les cellules. Une autre protéine se comporte comme un cheval de Troie, pénètre dans la cellule dégénérée et déclenche sa mort. Lorsqu'une cellule a oublié de mourir comme cela était programmé, elle l'aide. Le cancer commence avec une cellule anormale qui se croit immortelle.

De la même manière, les protéines anticancérigènes apportent leur aide dans le combat contre les tumeurs ainsi que contre les virus et les bactéries. Les médecins et les pharmaciens devraient reconnaître que l'air de la forêt est un médicament, le médicament le plus naturel que l'homme connaisse. Les forêts sont remplies d'effet de la biophilie.

Peut-être trouvez-vous qu'il est un peu exagéré d'appeler les terpènes qui se trouvent dans la forêt « les terpènes anticancérigènes ». Je trouve que cette appellation est totalement appropriée au vu de ce que j'ai décrit. D'autres études scientifiques soutiennent cette appellation « anticancérigène » lorsqu'il s'agit de parler de la forêt.

1. Qing Li, « *Benefit of forest and forest environnement on human health in a green care context – An introduction to forest medicine* », dans Christos Gallis (dir.), *Green Care : for Human Therapy, Social Innovation, Rural Economy, and Education*, Éditions Nova Biomedical, New York, 2013, p. 139.

Le professeur Qing Li, de la Nippon Medical School de Tokyo, et d'autres scientifiques ont pu prouver que dans les régions forestières, on mourait moins du cancer que dans les régions sans forêts[1]. C'est un bon argument contre les mesures de déforestation dans les zones urbaines et contre l'agriculture industrielle qui détruit des régions forestières.

L'air de la forêt est donc, sans exagération, un facteur dans la prévention contre le cancer et il soutient le système immunitaire dans son combat contre les cellules dégénérées.

Comme ce sont les fonctions de notre système immunitaire qui combattent les tumeurs qui sont renforcées, on peut conclure que la baignade en forêt, le *shinrin-yoku*, est d'une grande aide lors d'une maladie comme le cancer, d'autant plus qu'une promenade en forêt permet au mental de se faire du bien. Je reviendrai sur ce dernier point. Il va de soi que cela ne remplace en aucun cas un traitement médical ; il s'agit uniquement de mesures supplémentaires pour soutenir un traitement.

Voici les premiers exercices pratiques que vous pouvez faire en forêt afin de renforcer votre système immunitaire de façon plus efficace.

1. Qing Li, Maiko Kobayashi, Tomoyuki Kawada, « *Relationships between percentage of forest coverage and standardized mortality ratios (SMR) of cancers in all prefectures in Japan* », dans *The Open Public Health Journal*, Pékin, 2008, p. 1-7.

Astuces pratiques : comment renforcer votre système immunitaire en forêt

Qing Li, professeur de médecine à Tokyo, a établi une liste avec des règles de base pour mettre en place une interaction idéale entre les arbres de la forêt et le système immunitaire humain. Le professeur Li compte parmi les grands spécialistes de la médecine de la forêt. Il conseille :

- Restez au moins deux heures dans la région forestière et marchez environ pendant 2,5 kilomètres. Si vous avez quatre heures devant vous, marchez pendant environ 4 kilomètres. Pour renforcer vos défenses naturelles comme les cellules tueuses et les protéines anticancérigènes de façon durable, il est recommandé de séjourner trois jours de suite dans une région forestière.

- Faites une promenade ou une randonnée qui corresponde à votre condition physique. Faites attention à ne pas vous fatiguer lorsque vous êtes en forêt.

- Si vous êtes fatigué, faites une pause à chaque fois que vous en éprouvez le besoin et pendant aussi longtemps que nécessaire. Trouvez un endroit dans la forêt où vous vous sentez bien.

- Buvez de préférence de l'eau ou du thé, si vous avez soif.

- Trouvez un endroit dans la forêt qui vous plaît spontanément et vous invite à vous attarder un temps. Asseyez-vous pour lire, méditer, pour profiter de l'atmosphère de l'endroit et vous détendre.

- Le professeur Li recommande de passer de deux à trois jours par mois dans une région forestière pour maintenir votre taux en cellules tueuses naturelles et en protéines anticancérigènes élevé de façon durable et il vous conseille de vous promener au moins quatre heures par jour en forêt.

J'ajoute ces conseils que je trouve utiles à ceux du professeur de Tokyo :

- Le taux de terpènes anticancérigènes qui se trouve dans l'air de la forêt change au cours des saisons. Il est plus haut en été et le plus bas en hiver. Il augmente rapidement en avril et en mai et atteint son taux le plus élevé en juin et en août. C'est dans ces mois que votre système immunitaire peut en absorber le plus.
- On trouve le plus de terpènes dans le cœur de la forêt. C'est là qu'il y a le plus d'arbres et que les feuilles et les aiguilles sont les plus riches. La densité des arbres empêche la substance gazeuse de s'échapper. Il est donc recommandé de s'enfoncer dans la forêt et de ne pas rester seulement à la lisière.
- Il y a beaucoup de terpènes lorsque le temps est humide, par exemple après une averse ou lorsqu'il y a du brouillard. Nous ne nous trompons donc pas lorsqu'on pense qu'une promenade nous fait du bien après une pluie.
- On trouve le plus de terpènes anticancérigènes au sol et dans la zone à proximité du sol où nous bougeons, nous les humains. Plus haut, ce sont les rayons ultraviolets de la lumière du soleil qui détruisent certaines des substances qui traversent le toit des feuilles. Les

substances saines sont donc véritablement adaptées pour atteindre notre corps.

- Attention : N'oubliez pas que la médecine de la forêt sert avant tout à se prémunir contre les maladies. Si vous êtes déjà malade ou si vous vous sentez malade, allez consulter un médecin. La médecine de la forêt ne remplace en aucun cas un examen ou un contrôle médical.

Exercice : Respiration corporelle en forêt

Vous pouvez renforcer l'absorption des substances qui se trouvent dans la forêt par des exercices de respiration. Vous pouvez utiliser par exemple la technique de respiration qui vient du qi gong chinois. L'exercice suivant m'a été enseigné par Xiaoqiu Li, champion chinois de wushu, art martial traditionnel chinois. Trouvez un endroit dans la forêt qui vous plaît et où vous pouvez, si possible, vous tenir debout sur un sol droit.

- Écartez vos pieds de la largeur des épaules. Vous devez avoir un appui ferme sur le sol. Puis, pliez légèrement les genoux et laissez pendre vos bras.
- « Ouvrez » la cage thoracique en écartant les bras dans un mouvement circulaire vers le haut. Faites comme si vous étiez un arbre qui déploie ses branches vers le ciel. Inspirez profondément, en faisant d'abord venir l'air dans le ventre puis dans la poitrine. Ainsi, vous remplissez votre corps d'air du bas vers le haut. Inspirez consciemment l'air de la forêt et sentez comment vos poumons se remplissent.

- Puis, lorsque vos bras se sont touchés, baissez-les le long de votre corps tout en expirant. En même temps, serrez les poings, penchez-vous en avant et mettez-vous en position accroupie. Vos coudes appuient à la hauteur de votre estomac, le long de votre corps. La pression de vos coudes et la position accroupie de votre corps aident vos poumons à se vider. En quelque sorte, vous vous pliez sur vous-même et comprimez le volume de vos poumons. Essayez de souffler complètement afin que l'air qui reste dans vos poumons puisse sortir de vous.

- Puis redressez-vous et recommencez à vous ouvrir et à inspirer. Les mouvements doivent être le plus circulaire et fluide possible. Faites ces mouvements plusieurs fois d'affilée. La respiration se fait avec tout le corps. Fusionnez-vous à l'air de la forêt qui vous entoure. Mais faites attention, si vous inspirez trop d'air, vous pouvez avoir la tête qui tourne et vous sentir mal.

- Cet exercice vous permet d'inspirer l'air sain de la forêt de façon intensive et d'expirer l'air pollué de façon consciente. Vous ressentirez à quel point cet exercice vous fait du bien physiquement, en particulier si vous fumez ou si vous venez d'une ville remplie de gaz d'échappement. D'après le qi gong, vous ne prenez pas seulement l'air de la forêt, mais également le *qi* de la nature, l'énergie de vie, et vous vous débarrassez du *qi* usé. La forêt n'est-elle pas l'endroit où l'énergie de vie est la plus pure et grouille d'une vie intense ? Hildegarde de Bingen a parlé de « l'énergie verte ». Bien sûr, vous n'êtes pas obligé d'adhérer à cette philosophie extrême-orientale pour profiter des effets de l'exercice. Inspirer des terpènes anticancérigènes n'a rien à voir avec les convictions religieuses ; cela se mesure par des méthodes scientifiques. Essayez. J'ai appris à tellement apprécier les exercices et à ressentir leurs effets bénéfiques que je les fais quasiment à chaque fois que je me trouve en forêt.

Le joker : l'imagination à la rencontre de l'atmosphère de la forêt

« Avoir de l'imagination ne veut pas dire qu'on invente. Cela veut dire faire quelque chose à partir des choses. »
Thomas Mann, écrivain, 1875-1955

J'ai mentionné ici plusieurs fois que nous sommes dans une période de transition en ce qui concerne la médecine et la manière d'aborder l'humain. La médecine psychosomatique a prouvé depuis longtemps qu'il n'existe pas de différence entre le corps et l'esprit. L'Homme est un être vivant psychosomatique, un être vivant complexe où le corps et l'esprit sont réunis. Les deux sont indissociables. On ne peut donc comprendre les maladies que lorsqu'on arrive à concevoir que le corps et l'esprit sont réunis. Lorsque les médecins parlent de douleurs psychosomatiques, ils ne veulent en aucun cas dire que ce sont seulement des douleurs imaginaires. Les troubles psychosomatiques existent réellement et peuvent, par exemple, être observés lors d'inflammations ou de réactions allergiques. Les causes sont d'ordre psychologique et remontent très souvent à l'enfance. Arrêtons donc de penser qu'il n'existe aucun lien entre le corps et l'esprit.

À la fin des années 1970, un cas rapporté par la psychologue et immunologue Patricia Norris fit la une des journaux. Norris travaillait à la clinique de la fondation Menninger dans le Kansas. Elle s'occupait d'un patient de 9 ans qui avait une tumeur au cerveau inopérable. Lors de leurs séances hebdomadaires, Norris apprit au jeune garçon des exercices de relaxation et des techniques d'imagination. En état méditatif, le patient imaginait qu'un vaisseau spatial intergalactique armé de lasers et de torpilles traversait son corps. Les rayons lasers et les torpilles représentaient les globules blancs du système immunitaire. Armé comme dans *Star Trek*, le vaisseau menait un combat sans merci contre les vaisseaux ennemis qui étaient les cellules cancéreuses. Le jeune patient utilisait souvent son vaisseau imaginaire pour combattre les ennemis également en dehors des séances hebdomadaires de Patricia Norris. Un jour, le garçon déclara à la thérapeute qu'il ne pouvait plus trouver aucun vaisseau ennemi. Elle lui fit faire une tomographie assistée par ordinateur. La tumeur avait totalement disparu de son cerveau alors que les médecins avaient déclaré le garçon comme incurable et ne lui avaient donné aucun traitement médical.

Un cas similaire aux États-Unis a été rapporté par le pédiatre Daniel Kohen du Minnesota et la pédiatre Karen Olness de l'Ohio, tous deux enseignants à l'université. Ils rapportèrent en 1996 le cas d'une fille de 11 ans dont le corps entier était couvert d'urticaire. Les boutons apparaissaient dans des situations de stress. À l'aide d'un *joystick* imaginaire, la petite fille parvint à éteindre les réactions allergiques dès qu'elles survenaient.

Comme il s'agit de cas isolés et que les médecins et les thérapeutes n'avaient pas entrepris d'études parallèles, il est difficile d'affirmer avec certitude que cette fille et ce garçon ont provoqué leur guérison grâce à leur imaginaire. Cela a néanmoins permis à d'autres scientifiques de se demander quel pouvoir notre imagination exerce sur notre corps. Pouvons-nous, grâce au pouvoir de notre imagination, rester en bonne santé, voire guérir ? Ce que certains considéraient comme impensable s'avéra néanmoins possible lors d'expériences scientifiques.

Vous vous demandez probablement s'il existe un rapport entre un vaisseau spatial intergalactique imaginaire armé jusqu'aux dents et l'air de la forêt qui renforce le système immunitaire. Laissez-moi d'abord vous parler de fascinantes découvertes scientifiques avant de répondre à cette question, notamment à propos des effets de l'imagination sur le système immunitaire, qui sont eux aussi de nature psychosomatique.

Deux scientifiques australiens ont pu prouver au cours d'expériences que les voyages imaginaires en état méditatif permettaient de raccourcir la durée des rhumes ou des grippes[1]. Le médecin australien Barbara Hewson-Bower et le professeur Peter Drummond de l'université australienne de Murdoch ont demandé aux participants d'imaginer que leur système immunitaire se battait contre les virus et les bactéries. La motivation du système d'autodéfense par la pensée a fonctionné, car les patients qui se sont servis de leur imagination pour se soigner ont guéri plus rapidement que les patients qui ne s'en sont pas servis.

1. Barbara Hewson-Bower et Peter Drummond, « *Psychological treatment for recurrent symptoms of cold and flue in children* », dans *Journal of Psychosomatic Research*, Amsterdam, 2001, p. 51.

Mais encore plus impressionnant fut une série d'études menées entre 1997 et 2007 à l'hôpital pour enfants Rainbow de Cleveland dans l'Ohio. Pour cette expérience, une équipe de médecins et de scientifiques a étudié des écoliers et des étudiants qui utilisaient le pouvoir de leur imagination pour influencer leur système immunitaire. Les chercheurs s'intéressaient avant tout aux neutrophiles qui sont les « cellules de premiers secours » de notre système immunitaire. Elles réagissent immédiatement aux attaques et peuvent au besoin pénétrer très rapidement les tissus pour combattre les agents pathogènes. On peut les comparer à *Spiderman* : les neutrophiles doivent s'accrocher au moyen d'une substance adhésive pour quitter les veines et arriver rapidement au bon endroit. Autrement, le flux sanguin les entraînerait et les empêcherait d'atteindre leur but, ce qui leur serait défavorable alors qu'elles sont des cellules de premiers secours. Lors de l'expérience de Cleveland, on a demandé aux volontaires d'imaginer que les neutrophiles devenaient de plus en plus collants afin d'être plus efficaces. Les participants pouvaient utiliser leur imagination de la façon dont ils voulaient : un étudiant a par exemple imaginé que les neutrophiles étaient des balles de tennis qui étaient toutes collantes de miel. Ils se sont livrés à ces exercices d'imagination pendant plus de deux semaines. Puis, on a analysé la salive des participants et la surprise fut de constater que les neutrophiles collaient effectivement mieux[1]. Ainsi, ils avaient pu agir plus efficacement en tant que cellules de premiers secours.

1. H. R. Hall, « *Voluntary modulation of neutrophil adhesiveness using a cyberphysiologie stratégie* », dans *International Journal of Neuroscience*, Kansas City, 1992, p. 63.

Cela fait longtemps que la science a prouvé que notre esprit et le système immunitaire sont liés. C'est pour cela qu'il n'est pas étonnant que notre imagination ait une influence sur notre système immunitaire. Nous avons également démontré qu'un séjour en forêt augmente le nombre et l'activité des cellules tueuses naturelles. Alors, pourquoi ne pourrions-nous pas, grâce à l'aide de notre imagination, augmenter l'efficacité sur les cellules tueuses ? L'air de la forêt et l'imagination peuvent se renforcer l'une l'autre et ainsi la nature et nos images intérieures auront un effet encore plus dopant sur notre système immunitaire.

Lorsque nous essayons, à l'aide de notre imagination, d'influencer notre corps et notre esprit, nous faisons ce qu'on appelle de l'autosuggestion. Le psychanalyste franco-suisse Charles Baudouin, qui a vécu de 1893 à 1963, disait : « *La suggestion est la réalisation inconsciente d'une idée préalable*[1]. » Ici, nous nous servons de l'autosuggestion pour encourager notre imaginaire à se dire : « Encore plus de cellules tueuses. » Mais comment devons-nous nous imaginer les cellules tueuses pour qu'elles ne restent pas au stade de l'idée, mais deviennent une suggestion ? Votre imagination est sans limite lorsque vous expérimentez, trouvez votre propre combinaison que vous seul pouvez comprendre et déchiffrer. Dans les exercices suivants, j'ai utilisé, en tant qu'exemple, des images qui me sont venues à l'esprit. Sentez-vous libre de les remplacer par vos propres images et vos propres symboles si cela vous convient mieux.

1. Fritz Lambert, *Autosuggestive Krankheitsbewältigung*, Basel, 2007, p. 28.

Exercice : Activer la force mystérieuse de l'imagination en forêt

ARRIVER

Promenez-vous un moment en forêt et essayez de faire abstraction du quotidien. Détendez-vous et laissez l'atmosphère de la forêt agir sur vous. Ressentez les racines noueuses, les écorces rugueuses des arbres, la mousse douce qui repose sur le sol. Peut-être pouvez-vous même observer à certains endroits des fougères pousser au pied d'un arbre. Inspirez consciemment les odeurs de la forêt. Ressentez la présence d'animaux sauvages, même si vous ne pouvez pas les voir. La forêt est pleine de vie. Sur la terre, mais également sous la terre. Les chapeaux des champignons ne sont qu'une partie visible de l'organisme. Le champignon est un merveilleux organisme qui pousse sous vos pieds sur la terre entière et qui peut s'étendre sur plus de 100 mètres autour de son chapeau. Les champignons vivent fréquemment en symbiose avec les racines des arbres et d'autres plantes. Ils poussent dans les racines et échangent avec eux des nutriments. L'arbre donne au champignon des hydrates de carbone qu'il reçoit par la lumière du soleil. En échange, le champignon fournit à l'arbre l'eau et les nutriments qui sont dans le sol et qu'il peut prendre avec ses thalles souterrains. Les champignons relient quasiment tous les arbres de la forêt ainsi que d'autres plantes entre eux. Ils transforment les forêts en habitats complexes. Plongez-vous dans ce tissu vivant. Fondez-vous en lui. Pensez à toutes les substances que les habitants de la forêt donnent à l'air lorsque vous vous promenez. Imaginez que votre système immunitaire est un système de communication très complexe qui communique et interagit avec la forêt depuis longtemps. Vous pouvez vous dire : « Je fais partie de la forêt. » Mais vous pouvez également imaginer que votre système immunitaire est une antenne organique qui sort de vous.

Lorsque vous avez réussi à faire abstraction du quotidien et à ressentir la forêt, choisissez un endroit où vous vous sentez bien. Cela peut être un tronc ou une souche d'arbre, un rocher, une pierre ou un coussin de mousse séchée. Vous pouvez bien sûr vous asseoir également sur un banc. Si vous ne voulez pas être vu par d'autres promeneurs lors de vos exercices d'imagination, trouvez-vous simplement un endroit un peu en dehors des sentiers battus. Il a été prouvé que nous arrivons mieux à nous détendre lorsque nous pouvons observer les autres, mais que nous ne pouvons pas être observés.

DÉTENTE

Mettez-vous à l'aise à l'endroit que vous avez choisi. Asseyez-vous dans une position confortable que vous pouvez garder un moment. Vous pouvez vous allonger ou même vous adosser à un arbre. Faites attention à garder une attitude ouverte. Vous devez avoir la sensation d'être ouvert à la forêt. Pour cela, posez par exemple vos mains sur vos genoux, les paumes tournées vers le haut. Vous pouvez également ouvrir légèrement vos bras.

Fermez les yeux et portez un moment votre attention sur votre respiration. Sentez l'air que vous inspirez et que vous expirez. Respirez calmement et de manière régulière. Gardez cette sensation d'inspirer et d'expirer. Percevez comment l'air pénètre par vos narines, comment votre poitrine et votre ventre se soulèvent. Votre attention se concentre ainsi tout naturellement sur votre corps. Détendez-vous. Les centres hospitaliers spécialisés utilisent cette technique de respiration pour amener les patients à se détendre et à se concentrer sur leur corps. La technique vient des thérapies psychocorporelles[1]. Elle est très efficace.

1. Thure von Uexküll et Wolfang Wesiak, *Psychosomatische Medizin – Theoretische Modelle und klinische Praxis*, Munich, 2011, p. 477.

OUVERTURE ET ABSORPTION

Une fois que vous êtes détendu, vous pouvez commencer une première visualisation : fermez les yeux et imaginez que les terpènes anticancérigènes qui se trouvent dans l'air de la forêt vous pénètrent lorsque vous inspirez. Observez quelles sont les images qui vous viennent alors à l'esprit. Je m'imagine souvent de la brume vert argent qui descend de la cime et des branches des arbres et flotte jusqu'à moi. Lorsque j'inspire, la brume accélère, comme si je l'aspirais. Elle pénètre mes poumons. Lorsque j'expire, la brume qui m'entoure ralentit et attend le moment où je vais inspirer à nouveau. Elle m'entoure comme un voile mystérieux dont je prends des inspirations profondes qui pénètrent mon corps.

J'imagine que la brume remplit mes poumons, pénètre ensuite dans mes veines et pulse dans tout mon corps. Elle me relie à la forêt, m'unit aux arbres, aux branches, aux champignons, aux herbes et je suis semblable aux thalles des champignons qui relient tous les arbres entre eux. La brume curative s'épaissit autour de moi et finit par me pénétrer également à travers les paumes de mes mains. Elle m'entoure totalement. « Je fais partie de la forêt. »

Peu importe votre façon d'imaginer les substances saines qui sont dans l'air de la forêt, faites-vous confiance. Prenez les images de votre âme au sérieux. Grâce aux études scientifiques décrites plus haut, nous savons que l'imagination influence notre corps. Le but de l'exercice est de s'ouvrir et d'être physiquement plus apte à inspirer les substances saines qui sont dans l'air de la forêt.

COMMUNIQUER AVEC SON SYSTÈME IMMUNITAIRE

Voici la partie centrale de l'exercice : trouvez une image qui symbolise vos cellules tueuses qui sont renforcées par les terpènes anticancérigènes qui se trouvent dans l'air de la forêt. Parfois, j'imagine que des petites étoiles en acier circulent dans mes veines, telles des petites armes, mais qu'elles n'ont rien contre moi. Le flux sanguin les transporte à travers mon corps. Je sens comme elles se multiplient. Une étoile donne deux étoiles, deux étoiles donnent quatre étoiles et ainsi de suite. La multiplication s'accélère devant mes yeux. Dix mille étoiles donnent vingt mille étoiles, quarante mille étoiles… Les étoiles sont absorbées par le flux sanguin. Pendant que les terpènes anticancérigènes de l'air de la forêt communiquent avec votre système immunitaire, vous pouvez, vous aussi, lui envoyer des messages symboliques. Et ce message est le même que celui de la forêt : « Plus de cellules tueuses naturelles ! »

Puis, vous pouvez également imaginer que les cellules tueuses, qui dans votre imagination circulent en vous, s'activent encore plus et attaquent les agents pathogènes. Il n'existe aucune limite lors de la visualisation. Pour revenir à l'exemple des étoiles, j'imagine qu'elles tournent de plus en plus vite et qu'elles détruisent les virus et les bactéries[1].

Cet exercice d'imagination peut se transformer et s'étendre. Comme nous l'avons déjà écrit plus haut, respirer l'air de la forêt augmente la production de protéines anticancérigènes. Avec un peu d'imagination, on peut arriver à visualiser ce qui se passe en forêt. N'oubliez pas

1. N'oubliez pas qu'il n'existe encore aucune preuve scientifique que les exercices en forêt fonctionnent. Mais il a été prouvé que l'air de la forêt et que les exercices d'imagination fortifient le système immunitaire. C'est cela que l'auteur a pris en compte lorsqu'il a conçu ces exercices qui ne visent pas à soigner les maladies et qui ne remplacent en aucun cas un avis médical.

que ces protéines aident les cellules immunitaires lors de leur combat contre les invasions et les cellules dégénérées qui contiennent un risque de tumeur. Elles sont dans des petites capsules qui les envoient à leur but. Une fois arrivées, elles pénètrent dans les cellules dangereuses et les poussent à se suicider ou les empoisonnent. Ce scénario, qui se déroule au quotidien dans le corps humain, peut se traduire de nombreuses manières en images.

La psychothérapie utilise depuis longtemps le pouvoir de l'imagination. Les représentants de la psychologie analytique, dont la psychanalyse de Sigmund Freud fait partie, partent du principe que des forces inconscientes agissent en nous. Pour Freud, l'imagination et les rêves sont le langage de « l'inconscient » qu'il faut décoder. Ce langage tient toujours un rôle très important pour les différentes branches de la psychologie analytique. Notre esprit communique en effet de façon inconsciente avec des images et des rêves, et ces messages peuvent apparaître sous forme de rêves éveillés. Certains thérapeutes demandent à leurs patients de faire des voyages imaginaires et de dessiner ce qu'ils ont vu. Les dessins sont ensuite analysés par les patients eux-mêmes avec l'aide du thérapeute. Les thérapeutes partent du principe que des messages de l'inconscient se sont manifestés lors du voyage imaginaire et que le patient peut les retrouver dans son dessin. Mais nous pouvons voir le tout d'une autre façon : nous pouvons utiliser le langage de l'imagination pour envoyer des messages à notre inconscient et influencer ainsi notre esprit. Une branche spécifique de la psychologie analytique travaille dans ce sens. Cette thérapie s'appelle la thérapie Katathym-imaginative. Ses représentants n'essayent pas seulement de faire apparaître des processus inconscients grâce à des exercices d'imagination et l'usage de symboles. Ils essayent également d'influencer le comportement et le corps des gens par des exercices d'imagination et l'utilisation des symboles. La gomme symbolique est, par exemple, très connue. Certains thérapeutes utilisent cette gomme pour « effacer » des pensées obsessionnelles ou des sentiments de culpabilité. Ainsi, l'imagination et son langage visuel permettent à l'esprit de guérir.

Nous ne sommes pas les seuls à pouvoir communiquer avec notre inconscient. Les plantes et les paysages le peuvent aussi. Le prochain chapitre va vous montrer comment les plantes communiquent avec votre cerveau et comment vous pouvez utiliser cette communication pour en tirer un bien-être psychologique, réduire le stress et trouver un soutien lors de situations difficiles.

La nature et l'inconscient de l'Homme

Comment les plantes et les paysages communiquent avec notre « inconscient », diminuent notre stress et améliorent notre concentration

« L'esprit de l'homme est un produit du pléistocène[1] *et façonné par la nature sauvage, qui a tout sauf disparu. »*
David W. Orr, professeur en sciences de l'environnement à l'université de Vermont, États-Unis[2]

1. Le pléistocène est une époque géologique qui a commencé il y a environ 2,6 millions d'années et qui s'est terminée il y a environ 12 000 ans.

2. David W. Orr, « *Love it or loose it – the coming Biophilia Revolution* », dans Edward O. Wilson et Stephen R. Kellert, *The Biophilia Hypothesis*, Island Press/Éditions Shearwater, Washington, 1993, p. 437.

Nous le savons déjà : notre système immunitaire est un système sensoriel capable de communiquer en échange constant avec le corps, les hormones et le système nerveux, mais également l'environnement. Cela vaut également pour les autres organes de notre corps. Il existe des structures dans notre cerveau qui sont constamment en contact avec le monde extérieur et interagissent avec elles. Ces structures sont autonomes et travaillent sans que leur « propriétaire » ne soit au courant. Vous le pensez certainement déjà : comme avec le système immunitaire, lorsque nous nous promenons dans une forêt, un pré ou un verger romantique, cela ne reste pas sans conséquences.

Accompagnez-moi dans l'univers de l'inconscient, le royaume des fonctions du cerveau archaïque, qui nous relient après des millions d'années d'évolution aux reptiles et aux amphibiens. Rapprochons-nous de nos vraies racines, de notre lien neurobiologique avec la nature dont nous provenons. Parlons de façon métaphorique : que se passe-t-il lorsque notre inconscient, qui se trouve en perpétuel échange, se rapproche de sa mère, c'est-à-dire de Mère Nature ?

Traces neuronales de l'histoire de l'Homme

J'ai fait un rêve diurne. Il était tellement réel que je me souviens de chaque détail. Je n'avais jamais vécu le monde imaginaire de cette façon. Je traversais un paysage de montagne et j'arrivais à un vaste plateau. Entre deux élévations, on pouvait voir une grande prairie où se trouvaient des pins. La prairie était entourée à droite et à gauche par la forêt qui s'étendait par-dessus des collines jusqu'au lointain avant de s'arrêter sur les flancs du plateau. Il faisait sombre et je pouvais déjà apercevoir les premières étoiles dans le ciel. Une lumière éclairait la prairie et faisait un contraste surréel avec l'obscurité. J'atteignis un endroit où les arbres formaient un demi-cercle. J'avais l'impression que cette place m'avait attendu. Je posai mon sac à dos sur le sol et je regardai au lointain, vers les forêts de pins. La lumière s'intensifia tout à coup, là où je me trouvais. Une silhouette apparut entre les arbres, que la nature avait semble-t-il engendrée. C'était un vieil homme avec de longs cheveux gris. Je pouvais voir chaque ride de son visage qui se rejoignait autour de sa bouche en une expression de bienveillance. Sans un mot, il me regardait, plein de bonté et de compréhension. Si je devais traduire les sentiments que le vieil homme inspirait en moi, voici ce que serait le message : « *Tu es arrivé tel que tu es. Tu es ici chez toi. C'est la nature de ton âme, le paysage dont tu proviens.* »

L'homme aux cheveux longs et au regard bienveillant me donna un coffre en bois sculpté de motifs. Je l'ouvris et je sortis un morceau de racine. C'était un cadeau auquel j'attachais beaucoup d'importance. Il exprimait très simplement mon lien avec la nature dont je venais. Je suis comme les arbres, enraciné dans cette terre. Lorsque je touchai le bout de racine, je sentis une secousse venir de mon abdomen. Elle se transforma en vague et se propagea en rythme jusque dans le haut de mon corps. Je sentis monter en moi cette force et j'avais l'impression que des branches poussaient de mes bras qui montaient vers le ciel et semblaient être des antennes. Je sentais comment les antennes organiques me reliaient aux arbres des alentours. Le vieil homme me prit par la main et me regarda de nouveau dans les yeux. Ce sentiment d'être arrivé chez moi me submergea à nouveau et je me rendis compte que des larmes coulaient le long de mes joues. C'en fut de même dans la réalité. J'étais installé sur un matelas de sol, totalement détendu, et des larmes coulaient le long de mes joues. L'expérience que je traversais était tellement réelle ! Les autres autour de moi ne se rendaient compte de rien. Je me trouvais dans une pièce avec dix autres participants et la thérapeute qui nous avait menés à l'état de transe nous ramenait à la réalité avec sa douce voix. C'était un jeudi soir comme les autres. Et comme tous les jeudis, je participais à des cours de formation en psychothérapie.

« *Reprenez votre sac à dos et mettez-vous sur le chemin du retour,* dit la thérapeute, *vous pouvez laisser des choses qui sont dans votre sac à dos.* »

Je décidai de laisser derrière moi le doute ainsi que tous les jugements envers moi-même qui me rongeaient continuellement et qui nuisaient à mon épanouissement. Si le vieil homme pouvait m'accepter tel que j'étais, pourquoi est-ce que je n'arrivais pas à le faire moi-même ? Le vieux sage acquiesça avec compréhension. Je lui pris la main. Je ne voulais pas le quitter. Il ferma les yeux et sourit doucement. Puis, il regarda la pente. Il fallait me mettre sur le chemin de retour. Quelque chose en moi réagit violemment à l'idée de quitter ce vieux monsieur bienveillant. J'avais du mal à me résigner. Mais je pouvais voir dans le regard de l'homme que lui et le lieu faisaient partie de moi et que je ne pouvais pas les perdre. Cette information me rassura et me permit de me mettre sur le chemin de retour.

« *Vous pouvez vous étirer, respirer profondément et ouvrir lentement les yeux.* » Je fus le dernier à le faire. Les autres étaient déjà bien réveillés lorsque je me redressai et que je m'essuyai les yeux en cachette. Je n'arrivais pas à émerger de ma rencontre avec le vieux monsieur dans cet endroit paradisiaque. Je devais aller prendre l'air afin de pouvoir continuer la journée de formation. Je me rendis dans une petite forêt. Je regardai les arbres avec leur écorce rugueuse et demandai où était le vieil homme. Et la réponse fut qu'il était encore là. Il était dans les plantes, dans le ruisseau qui coulait tout près. Et il était en moi.

Nous nous approchons du phénomène de « la biophilie », de la nostalgie et du désir de l'homme envers la nature. Ce voyage induit par la transe exprimait mon lien intérieur avec la nature, intrinsèque à l'*homo sapiens* que je suis. Ces images de mon inconscient resteront à jamais gravées dans ma mémoire. Le soir parfois, j'appelle à ma mémoire ce lieu magique ainsi que le vieil homme et j'arrive à ressentir à nouveau un peu de ce qui m'a touché alors. Mais que s'est-il passé pour que je sois à ce point ému par ce voyage dans mes circuits neuronaux ? Pour moi, deux choses ont joué un rôle très important.

Ce lieu avait tout d'abord quelque chose de paradisiaque pour moi. Ce paysage imaginaire avait de nombreux attraits : de doux prés, des arbres protecteurs, des forêts nourricières et le chant des oiseaux. Ce sont les composants des effets de la biophilie. Nous allons bientôt nous pencher sur les paysages qui nous attirent inconsciemment et qui nous permettent de guérir dans la vie réelle. Le romantisme de la nature est le reflet de ma nostalgie pour des lieux de vie qui soient en accord avec l'humain. L'*homo sapiens* descend de la nature, il a évolué dans et avec la nature il y a plus d'un million d'années. Du point de vue de l'évolution, nous avons évidemment plus de liens intimes avec les espaces naturels qu'avec les villes, la technologie et la modernité. L'homme ne vit que depuis quelques millisecondes dans les villes sur la chronologie de l'évolution humaine. Je n'aurais jamais pu vivre cette expérience incroyable si j'avais fait ce voyage imaginaire dans la rue ou dans une salle de machines. La biophilie est le produit de l'histoire humaine. D'après Roger Ulrich, professeur d'architecture et des sciences de la santé à l'université technique Chalmers en Suède : « *C'est un reste de l'évolution humaine que de réagir positivement face à la nature alors que l'être humain ne montre aucune réaction positive à l'environnement d'une ville*[1]. » C'est une bonne description de l'effet de la biophilie.

Il est donc peu étonnant qu'il existe dans notre cerveau des images inconscientes de notre maison évolutive et que ces images soient pour la plupart des images de paysages vierges et sauvages. Je ne suis pas le seul qui a voyagé dans la nature lors de voyages sous transe. La thérapeute qui a fait le voyage avec nous m'a raconté plus tard que les participants lui décrivaient très fréquemment ce genre de « vision ». Les lieux naturels qui apparaissaient en

1. Roger Ulrich, « *Biophilia, biophobia and natural landscapes* », dans Stephen Kellert et Edward G. Wilson (dir.), *The Biophilia Hypothesis*, Island Press/Éditions Shearwater, Washington, 1999, p. 88.

imagination provoqueraient presque toujours des sentiments très profonds et mèneraient sur le chemin de la guérison.

Un deuxième point fait que ce voyage de transe m'a profondément touché. Il s'agit du vieil homme bienveillant que j'ai rencontré. Il a surgi « de la nature » à travers les arbres et il m'est apparu comme faisant partie du paysage ou comme l'âme de ce paysage. Il était entrelacé à la lumière magique qui brillait. Pour moi, c'était très clair. Ce vieil homme aux longs cheveux symbolisait le côté positif de la rencontre avec la nature. Lorsque nous sommes dans la nature, loin de la civilisation moderne, loin des bruits de la rue, de la surconsommation, de l'attente d'un supérieur, d'une directrice d'école ou d'une société, nous nous sentons acceptés tels que nous sommes. Nous sommes tous des êtres vivants parmi tant d'autres dans la nature. Nous sommes entourés de champignons, de plantes, d'animaux, de micro-organismes qui ont une chose en commun : ils ne nous jugent pas et n'ont aucune exigence, ils ne nous demandent pas de devenir comme eux. Nous sommes simplement au milieu d'eux, nous sommes liés à eux dans la toile de la vie et personne ne nous demande des comptes. Nous pouvons être zélés ou avoir un poil dans la main, heureux ou tristes, rapides ou lents, introvertis ou extravertis, hétérosexuels, homosexuels, transsexuels ou asexuels, puissants ou faibles, correspondre à l'idéal physique imposé par la société ou ne pas avoir un corps qui corresponde à cet idéal. La nature, les animaux, les plantes ne nous jugent pas. C'est ce que m'a transmis le vieil homme sage lors de mon voyage. Il m'a regardé d'une façon qui était totalement libérée de tout jugement et de toute attente : « *Tu es bien comme tu es. Ici, tu peux être tel que tu veux.* »

Nous pouvons participer sans réserve à la force de vie qui habite et s'exprime dans la nature. Et c'est cela même qui s'est exprimé dans mon imagination lorsque l'énergie vitale a pulsé à travers tout mon corps, comme si elle voulait s'enraciner pour me faire pousser des antennes en forme de branches. Mon inconscient avait vraiment touché dans le mille lorsqu'il a imaginé cela pour moi comme symbolique. Quel formidable effet de la biophilie !

Ce n'est qu'après mon expérience de transe que j'ai découvert, à travers mes recherches, qu'« avoir le droit d'être comme on est » représente l'une des meilleures vertus curatives psychologiques des séjours dans la nature. Je reviendrai sur cet aspect de la nature en tant que psychothérapeute plus tard. J'aimerais tout d'abord me concentrer sur les neurones, l'évolution et le cerveau de l'Homme. Il s'agit toujours de notre inconscient et de sa relation avec la nature, qui est devenue évidente lors du voyage que j'ai fait en état de transse.

À propos des structures archaïques du cerveau

« Les hommes doivent savoir que du cerveau et du cerveau seulement naissent nos plaisirs, nos joies, nos rires et plaisanteries aussi bien que nos peines, nos douleurs, nos chagrins et nos larmes. »

Hippocrate de Cos, médecin,
v. 460 à 370 avant Jésus-Christ[1]

On utilise le terme d'inconscient depuis le XVIIIe siècle. Dans les médias et les livres grand public, on parle plutôt de « subconscient ». Mais Sigmund Freud lui-même n'employait pas ce terme. Il utilisait le terme d'inconscient. Le « subconscient » est une invention plutôt récente du langage parlé qui ne traduit pas du tout ce qu'il veut dire. Il suggère qu'il existerait une hiérarchie dans l'esprit de l'Homme et que le « subconscient » serait moins important. Il n'est pas non plus comme un vieux coffre que l'on aurait oublié au grenier. C'est pour cela que j'éviterai de l'utiliser le plus possible dans ce livre et que j'emploierai plutôt le terme d'inconscient ou que je le mettrai entre guillemets.

Nous vivons parfois des sentiments ou des schèmes dont les causes ne nous semblent pas évidentes de façon consciente. Il s'agit de messages inconscients de notre âme ou de fonctions vitales de notre cerveau qui agissent indépendamment de nous, sans que nous ne soyons au courant.

1. Mark Bear, Barry Connors, Michael Paradison, *Neurowissenschaften – Ein grundlegendes Lehrbuch für Biologie, Medizin und Psychologie*, Éditions Springer, Berlin, 2012, p. 4.

Certains psychologues pensent que nos sentiments et nos comportements peuvent être « enfouis » dans notre esprit et agir sur nous depuis les profondeurs. C'est pour cela que les scientifiques utilisent la psychologie qui se concentre sur l'inconscient.

Les émotions aussi peuvent venir de l'inconscient. Les neuroscientifiques Ray Dolan et Arne Öhman, tous deux professeurs à l'université, ont effectué une série d'expériences en Angleterre et en Suède. Ils ont montré à ceux qui participaient à l'expérience une série de visages, dont un visage en colère. Lorsque ce visage apparaissait, les participants recevaient une légère décharge électrique dans le doigt. Vous avez sûrement entendu parler du chien de Pavlov à l'école. À chaque fois qu'on lui servait un repas, on l'exposait au son d'une cloche de sorte qu'il se mettait à saliver à chaque fois qu'il entendait cette même cloche. C'est un conditionnement classique. Ray Dolan et Arne Öhman on fait à peu près la même chose avec les participants, mis à part qu'ils n'étaient pas des chiens, mais des humains. Les petits chocs électriques envoyés lorsqu'ils voyaient le visage en colère ont fait réagir les participants de façon inconsciente. Et cela, même lorsqu'il n'y avait plus d'électricité et que les électrodes n'étaient plus sur leur doigt. Il n'y avait donc aucun risque de ressentir un choc électrique. Malgré cela, les participants réagissaient à chaque fois qu'ils voyaient ce visage en colère. La conductivité cutanée augmentait légèrement, car les participants commençaient à suer légèrement des mains. C'était une réaction physique au visage en colère qui était lié au choc électrique désagréable. Mais l'information la plus importante suit seulement maintenant.

Ray Dolan et Arne Öhman ont montré aux participants différents visages neutres. Les participants n'ont pas réagi. Puis, ils ont ajouté le visage en colère de façon à ce qu'il n'apparaisse que pendant quelques millisecondes entre les visages aux expressions neutres. Même si les participants ont dit ne pas avoir vu le visage, ils ont réagi immédiatement en se mettant à suer des mains. Ils n'avaient pas vu le visage à l'expression colérique de façon consciente, c'est leur inconscient qui a dû l'enregistrer et indiquer une réaction mesurable. Les expériences de Ray Dolan et d'Arne Öhman mettent en avant les émotions inconscientes[1]. Notre « subconscient » est très rapide. Il réagit à des stimuli du dehors avant même qu'on s'en aperçoive. Il déclenche des émotions dont nous ne connaissons pas les causes. Tout cela se passe de façon totalement inconsciente. Comme nous allons le voir très bientôt, la nature est remplie de stimuli qui déclenchent des émotions, positives et agréables ou bien négatives et désagréables.

La neurobiologie a découvert de très anciennes structures du cerveau humain lorsqu'elle a cherché la cause de nos comportements et de nos émotions. Ce qui s'y passe peut être désigné, sans exagération, comme l'inconscient du « subconscient ». Rien n'est aussi bien caché que ce qui se passe dans ces zones du cerveau. Ce sont elles pourtant qui influencent notre comportement, nos actions, mais également nos sentiments. Ce sont ces mêmes zones qui s'activent lorsque nous passons du temps dans la nature. C'est notre cerveau reptilien, que l'on appelle également le

1. Mark Bear, Barry Connors, Michael Paradison, *op. cit.*, p. 635-636.

« tronc cérébral », ainsi que le système limbique qui forme une sorte de cercle autour du cerveau reptilien.

Le cerveau reptilien est l'héritage archaïque de l'Homme et d'autres animaux qui a traversé 500 millions d'années d'évolution. Comme son nom l'indique, il nous lie aux reptiles et aux amphibiens. Le cerveau reptilien n'est pas plus gros qu'un pouce, mais il commande pourtant les fonctions les plus vitales de notre corps tels que les battements de cœur, la pression sanguine, la respiration et la sueur. Le cerveau reptilien nous protège lorsque nous dormons. Il contrôle les moindres détails de certaines phases du sommeil et guide nos rêves pendant qu'il active d'autres zones de notre cerveau afin que nous puissions vivre des aventures. Le neurotransmetteur sérotonine est également produit dans le cerveau reptilien et il joue un rôle important dans la façon que nous avons de gérer nos émotions. Pour résumer :

Le cerveau reptilien est un système autonome de contrôle qui a énormément d'influence sur nos fonctions vitales et notre santé émotionnelle. Il est en échange constant avec l'environnement. Le cerveau reptilien transmet au cerveau de nombreuses impressions, parce qu'émergent de lui 10 à 12 nerfs crâniens. Ainsi, il réagit instantanément à de nombreux stimuli lorsque nous nous trouvons dans la nature.

Le système limbique est également très important lorsqu'il est question de liens archaïques avec la nature. Dans l'histoire de l'évolution, le système limbique existe depuis 200 à 300 millions d'années. Cette zone du cerveau est en grande partie responsable de nos émotions, de nos sentiments, mais également de notre sexualité. Je reviendrai sur l'expérience de la vie sexuelle et de la nature dans un chapitre ultérieur. Le système limbique nous indique quand nous pouvons nous détendre et nous reposer, mais également quand nous devons être actifs et fuir. Cette fonction est très importante et nous allons voir comment nous pouvons par exemple réduire le stress grâce à un séjour dans la nature, trouver de nouvelles forces mentales, améliorer la concentration ou calmer nos peurs et nos soucis.

Les neuroscientifiques modernes partent du principe que le système limbique joue un rôle pour des maladies psychologiques telles que la dépression, la schizophrénie, les troubles anxieux ou les troubles bipolaires, que l'on désigne par le nom de troubles maniaco-dépressifs[1].

1. www.dasgehirn.info, mise à jour du 30.11.2014.

La carte joker de l'évolution : réduire le stress dans le cerveau reptilien

« Lorsque nous observons le cerveau humain comme un organe qui s'est développé au cours de l'évolution afin de pouvoir analyser et réagir à son environnement très ancien, alors nous voyons l'interaction humaine avec son entourage naturel d'un tout autre œil. »
Gordon Orians, professeur émérite en biologie à l'université de Washington, Seattle[1]

Le système limbique et le cerveau reptilien ont donc plus d'influence sur notre bien-être que nous le pensions. Ils surveillent constamment notre entourage et réagissent. Ils se mettent en mode alarme et prêt à fuir, quand apparaissent des signes de danger. Cela veut donc dire : *Flight or fight* ! Fuis ou bats-toi ! Ces fonctions sont vitales et elles se sont développées au cours de l'évolution humaine. Essayez de manger un bon pique-nique à côté d'un lion affamé. Votre cerveau reptilien va vous en empêcher. L'amygdale libère des hormones de stress qui mènent votre cerveau reptilien à mettre vos organes en état d'alarme. Le fait qu'un stimulus soit un danger se décide en un millième de seconde. Et vous n'avez pas besoin d'un lion affamé pour déclencher ce processus, qui finalement ne mène qu'à ressentir du stress.

Dans le livre que j'ai écrit avec l'artiste de cabaret et comédien autrichien Roland Dürringer, *Leb wohl*

1. Gordon Orians et Judith Heerwagen, « *Humans, habitats and aesthetics* », dans Stephen Kellet et Edward O. Wilson, *The Biophilia Hypothesis*, Island Press/Éditions Shearwater, Washington, 1993, p. 139.

Schlaraffenland[1], il est dit que : « *Nos ancêtres étaient constamment en danger d'être mangés par des tigres à dents de sabre. Lorsque l'on se trouvait face à un tigre de ce genre, cela déclenchait du stress, et soit tu arrivais à fuir, soit tu te faisais manger par le smilodon. Or, comme nous le savons, les tigres à dents de sabre ont disparu et il existe peu d'animaux sauvages qui en veulent à nos vies. Mais comme nous avons apparemment besoin de ce sentiment d'être chassés, nous nous sommes créés notre propre smilodon moderne à qui nous nous soumettons, alors que nous lui avons donné vie.* »

Roland Düringer désignait par là le quotidien de la vie moderne, qui est rempli de devoirs que nous nous imposons à nous-mêmes. Les réactions de stress et de fuite ne sont pas forcément dues à des menaces d'animaux, d'hommes ou de catastrophes naturelles, mais elles sont également causés par la vie dans des villes bruyantes et remplies de voitures, le stress du rendement au travail, ou le sentiment de devoir correspondre à un idéal qui ne nous convient pas. Elles peuvent être causées par les attentes de nos supérieurs, de nos parents et des professeurs, mais aussi de nous-mêmes. Un terme apparaît dans chaque manuel de neurobiologie, « sur-stimulation des sens », lorsqu'il s'agit de parler de stress.

Notre cerveau reptilien et le système limbique peuvent voir toutes ces contraintes comme étant potentiellement dangereuses, comme le lion affamé et le tigre aux dents de sabre. Sauf que nous ne fuyons pas. Lorsque notre

1. Roland Düringer et Clemens G. Arvay, *Leb wohl Schlaraffenland – Die Kunst des Weglassens* (littéralement : « Adieu Pays de Cocagne – L'art du lâcher-prise »), Éditions a, 2013.

cerveau reptilien se met en mode alerte, nous ne sommes plus capables de nous détendre, ni de nous reposer, et encore moins de réfléchir librement et de façon créative. Notre organisme gère bien les situations de grands stress en libérant des hormones régulatrices très complexes. Mais les pressions que nous ressentons au travail, à l'école, durant nos études, en ville, ne diminuent pas la plupart du temps et restent constantes. Les régulateurs naturels de grands stress échouent alors et peuvent mener à un stress chronique.

Les maladies de civilisation dues au stress sont par exemple des difficultés à se concentrer, les troubles du système cardiovasculaire, les troubles du sommeil, les peurs et la dépression, les troubles des conduites alimentaires, la dépendance, les problèmes de digestion, les carences ou les névroses. Il a été également démontré que le stress peut jouer un rôle dans les cancers[1].

Le cerveau reptilien et le système limbique jouent donc un rôle déterminant dans le fait que nous puissions nous détendre dans certaines situations et certains lieux ou si nous nous trouvons en état d'alerte et de fuite. Passer du temps dans la nature, par contre, permet de nous détendre. La nature est un remède puissant qui nous aide à prendre de la distance avec les situations stressantes. Les scientifiques font des recherches pour comprendre pourquoi notre cerveau se branche sur le mode « détente » et « repos » plutôt que sur « état d'alerte » ou « fuite ». Roger Ulrich, architecte et professeur des sciences de la santé à

1. Ludger Rensing, *Mensch im Stress – Psyche, Körper, Moleküle*, Éditions Springer Spektrum, Heidelberg, 2013, p. 333.

l'université technique Chalmers en Suède et à l'université d'Aalborg au Danemark, explore la façon dont la nature et les jardins dans les hôpitaux diminuent les douleurs et le stress chronique. Il a travaillé avec d'autres scientifiques à la *Aesthetic Affect Theory,* la théorie de l'affect esthétique. Vous pensez peut-être : « Quel mot complexe ! » Mais la signification en est simple : « l'esthétique » est littéralement l'art de comprendre avec les sens, peu importe la beauté ou la laideur. L'affect est un état qui nous traverse. Les affects sont libérés inconsciemment par les zones archaïques du cerveau. Cette théorie se penche donc sur la façon dont la perception sensorielle dans la nature influence notre état affectif qui nous dit : « Détends-toi ! » ou « Fuis ! » Nos états affectifs ont un grand pouvoir sur nous parce qu'ils se déroulent de façon inconsciente, mais ils sont reliés à des impulsions pour agir ainsi qu'à des réactions physiques. Nous devons leur obéir. Ils nous contrôlent en quelque sorte.

Vous n'avez pas besoin d'être un scientifique pour deviner que la nature est calmante. Le chant des oiseaux dans les bois que l'on peut percevoir à la cime des arbres, semblable à un joli tapis sonore, ne nous donne pas envie de fuir et de nous mettre en état d'alerte. Les oiseaux ne représentent pas de danger et notre cerveau archaïque le sait. Il en va de même pour un ruisseau qui coule le long d'une colline couverte d'herbe verte. Un buisson de baies qui pousse sur le bord d'un champ provoque des sensations agréables en nous. Les baies plaisaient déjà visuellement à nos ancêtres lorsqu'ils étaient des cueilleurs qui se nourrissaient de ces fruits délicieux. Pour notre cerveau, ils sont synonymes de nourriture et de survivance, et non d'alerte et de fuite. Il en va de même pour les fleurs. « *Pourquoi est-ce qu'une fleur est si belle ?* », me demanda Roland Düringer, l'artiste de cabaret et le comédien dont j'ai déjà parlé. Un biologiste de l'évolution répondrait de façon très décevante à cette question. Les fleurs indiquent à notre cerveau que la nourriture n'est pas loin. Nos ancêtres ramassaient le miel que les abeilles fabriquaient grâce au nectar. Ils mangeaient également le pollen. Les fleurs donnent souvent des fruits comestibles. Peu importe que ce soit un fruit, une baie, une noix ou un légume-fruit comme la tomate, le paprika ou l'aubergine. Lors d'une balade en forêt, remarquons combien nous sommes fascinés par la vue d'un champignon majestueux, de baies comestibles ou en automne par les baies noires de sureau ou les baies de sorbier. Nous jouissons de ce que nous voyons. La beauté de la nature nous fascine aussi parce qu'elle nous est utile et parce que nous pouvons la manger et l'absorber. Lorsque nous voyons ces baies, nous ne trouvons pas seulement qu'elles sont belles, mais qu'elles sont mangeables. Mais vous pensez peut-être : « Attendez une seconde, les baies du sorbier sont pourtant toxiques ! » Ne vous inquiétez pas, c'est une rumeur tenace que nous les biologistes n'arrivons pas à changer. Ces petites boules orange qui parsèment le paysage d'automne ne sont pas toxiques et elles étaient souvent utilisées autrefois en cuisine. Crues, elles contiennent une substance qui peut être néfaste pour l'estomac[1], mais qui s'en va à la cuisson. Les baies du sorbier contiennent un taux élevé de vitamine C et peuvent être préparées en gelées de fruits, crèmes, confitures et boissons.

1. De l'acide parasorbique.

Les arbres permettaient à nos ancêtres de se protéger et de se procurer de l'ombre, de dormir en sécurité, de pouvoir manger tranquillement et ils servaient même de source de nourriture puisque de nombreux arbres ont des parties comestibles : les fleurs, les fruits, les feuilles, certaines racines ou du jus qui coule à l'intérieur du tronc et qui est riche en minéraux. Ainsi, le jus du bouleau sert encore aujourd'hui comme antalgique naturel à des peuples qui vivent au milieu de la nature. Nos ancêtres trouvaient également le miel des abeilles sauvages dans les cimes d'arbres. Et de nombreuses personnes ont encore de nos jours un lien particulier avec les arbres.

Prenons maintenant les eaux calmes, les lacs dans des lieux de rêve, par exemple : eux aussi ne représentaient pas de danger et contenaient pour nos ancêtres de la nourriture sous forme de poissons. Les études montrent que, quelle que soit la culture, les adultes et les enfants ont une grande préférence pour les eaux calmes et brillantes. Le cerveau reptilien ressent de la détente et des émotions positives. Que nous soyons attirés tout particulièrement par le scintillement à la surface de l'eau est un reste de notre évolution. En effet, il était autrefois important pour les hommes de pouvoir voir au loin des surfaces d'eau potable. Les eaux courantes sont également sources de nourriture et d'eau potable.

Quant aux nombreuses odeurs de la nature, elles nous rassurent. L'air frais que nous inspirons nous permet de nous détendre. L'odeur de la forêt qui sent les champignons n'est pas menaçante pour nous, mais elle évoque la nourriture. Rien de tout cela ne nous donne envie de fuir ou de nous battre. La nature est remplie de stimuli, d'odeurs et de bruits esthétiques qui créent une base neurologique dans notre cerveau et nous permettent de nous détendre.

L'*homo sapiens* ne s'est pas développé dans des fosses de béton et des villes denses, mais dans la nature, entouré de prairies, de collines, de lacs, de montagnes, de rivières, de plantes et d'animaux. Il n'est pas étonnant que notre cerveau reptilien et notre système limbique se sentent à l'aise dans un environnement naturel. Notre maison évolutionnaire est la nature. Nous sommes liés à la nature et le cerveau reptilien et le système limbique représentent la centrale inconsciente de la biophilie, la pièce maîtresse de notre lien avec la nature à laquelle nous appartenons.

L'anthropologue et auteur Wolf-Dieter Storl a souligné ce fait lors d'une émission chez Markus Lanz sur la ZDF : « *Le monde moderne l'oublie souvent, nous sommes dépendants du sol. Le soleil, le temps et les plantes sont essentiels et nous avons évolué avec eux et en même temps qu'eux*[1]. »

Les scientifiques qui s'intéressent à la relation entre l'homme et la nature ont fait de nombreuses études pour identifier les types de paysages qui permettent de réduire le niveau de stress de façon importante et font que notre cerveau archaïque passe du mode « fuite ou combat » au mode « détente ». Ils ont étudié des gens dans la nature, mesuré le niveau de stress dans leur sang, examiné l'activité de leur cerveau et mené des interviews avec eux. On a bien sûr fait des examens comparatifs dans des paysages urbains. Le paysage naturel a obtenu les meilleurs taux, même si les parcs verts des villes ont eu de bons résultats. La

1. Émission de Markus Lanz sur la ZDF, le 29/01/2014.

quintessence : lorsque vous voulez réduire votre niveau de stress et mettre votre cerveau archaïque en mode détente, rendez-vous dans la nature ou dans un parc à proximité des éléments naturels suivants :

- de l'eau statique et scintillante comme un lac, un étang ou une lagune ;
- de l'eau qui coule calmement, comme une rivière et un fleuve (les eaux agitées et rapides peuvent avoir un effet excitant et sont peu indiquées pour réduire le niveau de stress et détendre) ;
- la mer ;
- des fleurs, des arbres ou des buissons en fleurs ainsi qu'un paysage en fleurs ;
- des jardins avec des fruits et des légumes ;
- des buissons de baies ;
- des endroits calmes où poussent des champignons que l'on peut voir ou sentir ;
- des plantes en général ainsi que des plantes où viennent se poser des oiseaux pour chanter ;
- des arbres à couronnes larges sous lesquels vous pouvez vous sentir protégé ;
- des arbres sur lesquels vous pouvez grimper pour observer le paysage ;
- des clairières ou des prairies dans lesquelles poussent des arbres et des buissons, comme la savane. Nous allons voir plus loin ce que ces paysages ont de particulier.

À propos des arbres, Gordon Orians, qui tient la chaire de biologie à l'université de Washington à Seattle, est un véritable expert en la matière. Avec sa femme, il a constitué des archives très riches en photos de formes d'arbres. À l'aide de ces photos, il a étudié avec la psychologue environnementale Judith Heerwagen les formes d'arbres que les hommes préfèrent[1]. Les deux scientifiques ont découvert que lorsque nous devons juger les arbres spontanément d'après leur apparence, nous nous en tenons de façon inconsciente à trois points. Tout d'abord, nous préférons les troncs d'arbres sur lesquels nous pouvons grimper plutôt que ceux qui sont impossibles à grimper. Puis, nous privilégions les arbres avec des cimes qui nous protègent de l'ombre. Pour finir, nous regardons surtout les arbres qui sont utiles à notre santé et qui servent à nous nourrir.

Il en découle que l'esthétique et le passé évolutionnaire sont souvent très liés. Les hommes se détendent mieux dans un type de paysage bien précis. Ce paysage a bien sûr un rapport avec nos ancêtres.

1. Gordon Orians et Judith Heerwagen, « *Humans, habitats and easthetics* », dans Stephen Kellert et Eward O. Wilson, *The Biophilia Hyposethis*, Island Press/Éditions Shearwater, Washington, 1993, p. 157-163.

L'effet de la savane

Il est donc clair que notre ressenti esthétique s'est formé en échangeant avec la nature dans laquelle l'homme a évolué. Notre biophilie est une création de la terre sur laquelle nous vivons. Elle nous relie avec la Terre Mère. Il est probable que les habitants de la lune Pandora du film *Avatar* auraient eu plus de chances de se détendre dans une clairière bleue que dans une clairière verte comme sur notre Terre, puisque leur espèce a évolué dans un paysage dominé par des plantes bleues. Si nous marchons dans la nature, nous nous trouvons dans un environnement qui correspond totalement à notre espèce du point de vue de l'évolution. De ce fait, cela a un impact plus positif que de se trouver coincé dans un embouteillage dans une ville bruyante.

À propos d'*Avatar*, les plantes bleues de Pandora ne nous laisseraient pas de marbre non plus, nous autres Terriens. Cela tient sûrement au fait que David Cameron, le réalisateur, qui ressent beaucoup d'amour pour la nature, a utilisé les forêts tropicales aux formes infinies comme modèle pour la nature de Pandora. Les spectateurs ont vu une nature légèrement modifiée, très proche de celle dans laquelle nous avons évolué. C'est parce que cela a affecté notre sens de la biophilie que ce film a eu autant de succès à sa sortie. Ce film montre également qu'il existe une sorte de beauté « universelle » dans la nature qui ne fonctionne pas seulement avec les plantes de couleurs vertes, mais également bleues.

Retournons à la Terre. Nous savons, d'après des études, que différentes sortes de paysages sont efficaces et de façon différente lorsqu'il s'agit de réduire le taux de stress dans le cerveau reptilien et dans le système limbique. Des scientifiques ont mesuré le niveau de stress dans le sang et dans la salive de patients qui se trouvaient dans des paysages différents. Ils ont également mesuré le taux d'activité dans leur cerveau. Ils ont remarqué qu'il existait un paysage typique dans lequel on arrive très bien à réduire le niveau de stress : la savane. Il s'agit d'espaces verts où poussent des herbes ainsi que des arbres et des buissons. La végétation n'est pas aussi dense que dans les paysages de forêt, car les arbres poussent de manière éparpillée. Ce genre de paysage n'est pas limité à une région géographique précise, mais existe presque partout sur le globe. Les paysagistes savent pourquoi la plupart des parcs conçus pour être des parcs de repos sont dessinés selon ce modèle. Central Park à New York est, par exemple, mondialement connu pour être un parc dans lequel les gens aiment se retrouver pour se détendre. Les vergers romantiques, les gazons et les clairières sont avant tout des espaces où poussent des arbres semblables à des savanes. Cela ne vous surprendra pas d'apprendre que les vergers ne servent pas seulement à l'agriculture, mais également comme espace thérapeutique.

Une théorie, qui est scientifiquement controversée, explique que notre attirance pour les paysages qui nous font penser à la savane est due à l'évolution de l'homme. De nos jours, on s'accorde plutôt sur le fait que nos ancêtres ont appris à marcher dans les savanes d'Afrique. Quoi qu'il en soit, il est clair que les savanes ont joué un rôle important pour le développement de l'humanité. Et il y a une raison pour laquelle notre niveau de stress est moins élevé dans ce genre de paysage ou de parc. La savane permet d'avoir une vue étendue sur la prairie et les arbres poussent de façon suffisamment espacée pour que l'on puisse garder un œil sur son environnement. Il existe peu d'endroits où échappe à notre regard le lieu où pourrait se tapir un danger mortel, qu'il s'agisse d'un animal ou d'un attaquant. Notre cerveau reptilien et notre système limbique fonctionnent selon le point de vue de l'évolution et ne voient donc dans les paysages qui ressemblent à des savanes aucune raison de nous alarmer. La savane fait également du bien au corps. Nous pouvons marcher verticalement sur nos deux jambes, nos bras sont libres et nous n'avons pas besoin de nous frayer un chemin ou de contourner des obstacles. La savane était l'endroit le plus sûr pour nos ancêtres : il y avait de nombreux animaux sauvages à chasser et des plantes dont les racines, les fruits, les feuilles, les graines et les pollens pouvaient être ramassés. Les savanes avaient également de nombreux points d'eau que l'on pouvait voir au loin ainsi que des lacs et des rivières qui contenaient des poissons. Pour les biologistes de l'évolution, il est clair que l'accès à l'eau potable est et a été l'un des critères les plus importants de sélection dans l'évolution. C'est logique et cela n'a rien à voir avec le *survival of the fittest*[1]. L'eau est la base de la survie et donc de l'évolution de l'espèce humaine. Les présidents des grandes entreprises devraient réfléchir avant de fixer un prix à l'eau et de déclarer que c'est un bien consommable comme tant d'autres. Mais ne nous égarons pas.

Les paysages de savane étaient pour les cultures de chasseurs-cueilleurs des lieux idéaux de survie et de vie. Notre biophilie a été formée en grande partie par la

1. « La loi du plus fort », en anglais dans le texte (NdT).

savane. Nous avons, tout comme les animaux, le sens de ce qui représente un bon ou un mauvais environnement pour vivre. Ce sentiment s'est inscrit depuis des millions d'années d'évolution dans nos cerveaux. Les habitats idéaux déclenchent des sentiments positifs et des sensations de détente en nous. C'est pourquoi nous sommes attirés par des paysages de savane.

Le biologiste et pédagogue John Falk, professeur à l'université d'Oregon, a mené une enquête en 1982[1] sur ce thème. Falk a examiné un échantillon de centaines de gens dans le nord-est des États-Unis et a découvert que les enfants préféraient les savanes aux paysages dans lesquels ils vivaient. Il a montré des photos de paysages à des participants qui devaient spontanément dire lequel ils préféraient et là où ils auraient bien voulu passer un moment. Les enfants ont préféré de loin la savane. Les personnes âgées réagissaient aussi bien aux savanes qu'aux paysages familiers. Le professeur Falk a répété l'expérience en 2009 avec les habitants des forêts tropicales au Nigéria. L'expérience a montré que les gens qui n'avaient, pour 80 % d'entre eux, jamais vécu en dehors de la forêt tropicale préféraient les savanes[2]. D'autres scientifiques ont découvert que même les personnes qui vivaient dans des pays industrialisés trouvaient que les formes des arbres des savanes étaient les plus attirantes. Le souvenir de la savane est enfoui au plus profond de notre inconscient.

---

1. John Falk et J. D. Balling, « *Development of visual preference for natural environments* », dans *Journal of Environment and Behavior* 14, 1982, p. 5-28.

2. *Ibid.*

Dans le futur, il se peut que les médecins et les thérapeutes ordonnent à leurs patients qui souffrent de *burn-out* de se promener et de faire des pique-niques en forêt ou dans des parcs naturels, des vergers ou des prairies couverts de buissons et d'arbres. C'est un scénario réaliste. Un scénario utopique, au contraire, serait de permettre à des patients qui souffrent de *burn-out*, de dépression ou de stress chronique de faire une cure dans une savane africaine remboursée par la Sécurité sociale. Ce n'est pas encore pour demain. Nous ne sommes pas encore capables de permettre à tous ceux qui ont besoin d'une thérapie de recevoir de l'aide de la Sécurité sociale. Cela contredirait nos expériences si on se concentrait seulement sur des parcs et des paysages semblables à des savanes dans notre recherche à nous détendre. « *Je ne peux pas penser au désert sans émotion,* me racontait Wolfram Pirchner, présentateur à la télévision autrichienne, lors d'une discussion en été 2014, *le désert a quelque chose de tranquille et d'éternel qui repose et détend. Il n'y a pas de stress dans le désert.* » Ce présentateur qui a souffert pendant des années de crises d'angoisse très lourdes ne pouvait par moments pas quitter sa maison ou le studio de télévision parce qu'il ne se sentait bien que dans ces deux endroits. Il se sentait bien également dans la nature. Le désert était un endroit qui lui faisait du bien. Mais c'est également dans la forêt qu'il arrivait à se détendre et à se reposer après que la phobie de contact se déclara, et il commença à toucher les arbres tout d'abord à contrecœur, puis avec passion. C'est sa thérapeute qui lui avait donné ce conseil. « *Au tout début, je me suis dit que c'était trop que Wolfram Pirchner embrasse des petits chênes ou des petits hêtres. Mais je l'ai fait, et c'était tellement incroyable de pouvoir sentir cet arbre qui ne me parlait pas ! C'était une expérience très intense avec la nature. La nature me donne de la force. Elle est symbole de vie pour moi. Le poste de télévision ne l'est pas, peu importe la chaîne. La nature, c'est la vitalité.* »

Comme l'expérience de Wolfram Pirchner nous le montre, nous ne devons pas nous éloigner de la nature trop longtemps lorsqu'il s'agit de nous faire du bien et de réduire notre stress. Que la savane nous fasse du bien à cause de notre cerveau archaïque ne veut pas dire que les forêts et leurs ambiances magiques n'ont pas le potentiel pour devenir des espaces de repos pour le mental. Il est facile de voir à notre corps que notre cerveau n'est pas objectif face à une forêt dense. De nombreuses personnes préfèrent instinctivement méditer, réfléchir, pique-niquer et se détendre en bordure de forêt ou dans des clairières et dans des endroits qui ressemblent à la savane, comme des parcs, des vergers ou des prairies. En forêt, où nous pouvons avoir le sentiment de ne pas voir aux alentours, il est difficile pour beaucoup d'entre nous de lâcher prise et de fermer les yeux, surtout lorsque nous sommes seuls. Cela a un rapport avec notre système d'alarme intérieur dont j'ai déjà longuement parlé. Les psychologues Rachel et Stephen Kaplan, professeurs de psychologie environnementale à l'université de Michigan, soulignent le fait que l'humain a besoin d'un endroit où il se sent en sécurité. Il s'agit de pouvoir « *voir, mais de ne pas être vu* », écrivent-ils dans un manuel de psychologie environnementale. C'est à cette condition que la détente peut être profonde et possible, parce que notre cerveau lâche prise. Les Kaplan sont des pionniers en psychologie environnementale et connaissent le cerveau et son rapport à l'environnement comme personne d'autre. Ils nomment le besoin qu'a le cerveau humain d'un havre de paix, *shed*, la hutte. Ainsi, les maisons dans les arbres, les trous dans le sol et les cachettes dans les bois deviennent des lieux de détente. La nature nous offre ce genre de cachette lorsque nous les cherchons dans les bois : qui s'aventure dans des buissons touffus peut observer au-dehors sans être vu. Il existe de nombreuses cachettes naturelles en forêt que nos ancêtres connaissaient et utilisaient. Ou bien nous pouvons grimper à un arbre ou sur un rocher. Une place en hauteur nous offre une belle vue et nous protège des animaux et des autres hommes. On peut s'y détendre, lâcher prise, réduire son taux de stress.

La forêt comme espace de repos pour l'âme

« Lorsque j'ai besoin de repos,
je me trouve dans la forêt la plus sombre, le marais le plus étendu
et impénétrable et je le pénètre comme un lieu sacré. »
Henry David Thoreau[1], 1817-1862

Une équipe de scientifiques japonais, constituée de médecins, de biologistes et de psychologues, a fait des recherches pour savoir quelles qualités de la forêt avaient

1. Henry David Thoreau, *De la marche* (titre original : *Walking*, 1862).

des effets positifs sur l'esprit humain[1]. Les chercheurs ont effectué cette étude en 2003 sur 168 personnes dans 14 régions forestières différentes. Ils ont également mené des recherches dans 14 différentes zones urbaines pour les comparer aux premières.

Ceux qui ont participé à l'étude ont décrit l'atmosphère de la forêt avec des mots comme « délicieux » et « magique ». La plupart d'entre eux étaient d'accord pour dire que la forêt était le symbole du naturel, mis à part la culture des arbres qui servent à la production du bois. Les chercheurs se sont rendu compte qu'un séjour en forêt réduisait sensiblement l'angoisse, l'agression et la fatigue. Les troubles de l'humeur s'amélioraient et ceux qui se sentaient désorientés ou oppressés arrivaient à trouver plus de bien-être. Ils avaient plus de vitalité et de force. À ce propos, je me souviens des mots du présentateur de télévision, Wolfram Pirchner : « *La nature, c'est la vitalité.* »

Les scientifiques japonais ont écrit dans leur synthèse : « *Les forêts ont une influence sur les cinq sens comme la vue, l'odorat, l'ouïe, le toucher.* » N'oublions pas le goût en été et en automne qui peut être ajouté à ces quatre sens.

L'équipe a pu prouver, grâce à des méthodes de mesure spéciale, que les séjours en forêt amenaient une détente. Même si l'impact n'était pas aussi fort que pour les paysages de savane, la pression artérielle diminuait et le cortex préfrontal faisait office de régulateur pour baisser le niveau de stress. Les scientifiques ont aussi montré que

1. Bum-Jin Park, « *Psychological evolution of forest environment and physical variables* », dans Qing Li, *Forest Medicine*, Éditions Nova Biomedical, New York, 2013, p. 37-54.

les odeurs de la forêt jouaient un rôle important lorsqu'il s'agit de réduire la pression artérielle et d'aider à ce que le cortex préfrontal fasse office de régulateur. Cette étude a prouvé que les odeurs des zones urbaines n'ont pas les mêmes effets. Les villes auraient vraiment besoin de plus d'endroits qui sentent la terre et les fleurs, les champignons et la mousse, les feuilles et la résine, ou le cèdre et d'autres conifères. Vous avez besoin de plus d'odeurs de la nature, notre biophilie intérieure en a besoin. Comme nous pensons que seules la vision et l'ouïe sont importantes, nous oublions ce que signifient les odeurs de la nature. Il a pourtant été prouvé par la biologie et la médecine que les odeurs ont une très grande influence sur notre mental, notre inconscient et notre bien-être. Et cela, également sans que nous les sachions consciemment. Nous avons également une mémoire des odeurs qui nous permet de nous relier à certains endroits et certains moments. Les odeurs à elles seules peuvent déjà déclencher des sentiments qui sont rattachés aux souvenirs et aux sentiments. Dans les hôpitaux, on travaille en aromathérapie avec les patients à partir des odeurs de la nature. Le personnel soignant trempe des tissus dans des huiles essentielles et les met dans les cols des patients. Les patients passent toute la journée avec ces odeurs, ce qui favorise la guérison des douleurs, du stress chronique, de l'agitation intérieure, de la panique, de la dépression et des troubles cognitifs.

En été, les bois sont plus frais que les prairies ouvertes. Il fait plus chaud dans les villes à cause du bitume et du béton qui chauffent et libèrent de la chaleur dans l'air. La forêt, au contraire, nous protège grâce à la cime de ses arbres des rayons du soleil et nous gâte avec son climat stable et tempéré. L'humidité relative de l'air est plus haute que dans la plupart des régions, et notamment la ville, ce qui fait du bien à nos poumons. Lorsqu'il y a du vent ou de l'orage, les arbres captent une grande partie de cette énergie et protègent les habitants. Dans les bois, les bruits paisibles de la nature dominent et les polluants ne pénètrent pas facilement parce qu'ils sont arrêtés ou absorbés par la densité de la végétation.

Une autre étude[1], à laquelle une partie des six chercheurs japonais ont participé, a démontré que le taux d'hormone du stress, le cortisol, baissait dans la salive après une seule promenade en forêt. Le cortisol ne baisse pas autant dans une zone piétonne calme que dans la forêt. La fréquence cardiaque, le nombre des battements du cœur par minute, s'améliore nettement et est plus constante lors d'une balade en forêt que lors d'une promenade en ville. L'étude mettait également en avant le fait qu'un séjour en forêt diminue la pression sanguine chez les patients qui souffrent d'hypertension, comme je l'ai déjà dit plus haut. Tous ces effets sont à ranger sous les termes de « détente » et de « prévention du stress ». Nous comprenons donc que ce ne sont pas seulement les paysages de savanes qui font du bien à nos sens. Les bois sont des lieux dans lesquels l'effet de la biophilie se fait merveilleusement bien sentir. Il s'agit d'en profiter.

---

1. Bum-Jin Park *et al.*, « *Effect of forest environment on physiological relaxation using the results of field tests at 35 sites throughout Japan* », dans Qing Li (dir.), *Forest Medicine*, pages. 37-54, Éditions Nova Biomedical, New York, 2013.

Je vous invite à faire un exercice qui vous aidera à renforcer les effets de détente qu'a la nature sur vous, puis nous nous attarderons sur un autre mécanisme très intéressant de notre inconscient sur notre cerveau.

Détente profonde en nature

Comme vous l'avez déjà sûrement remarqué, les mots-clés de ce chapitre sont : « inconscient », « détente », « réduction de stress ». Cela nous amène à une méthode de relaxation connue mondialement, le training autogène. L'exercice suivant s'en inspire.

Le training autogène a été développé par le psychiatre berlinois Johannes Schultz et se base sur le principe de l'autohypnose. Cette méthode thérapeutique est reconnue dans certains pays comme l'Autriche, mais pas en Allemagne et en Suisse[1]. Cette méthode fait partie de la psychologie des profondeurs et elle s'intéresse beaucoup à l'inconscient. Le training autogène aide à réduire le stress et à se détendre. Si on le combine aux charmes de la nature, il est beaucoup plus efficace et trouve parfaitement sa place dans le livre.

Le training autogène se base sur l'acceptation du fait que notre corps réagit à des images intérieures, des inventions et des suggestions. Ceux qui le pratiquent apprennent à mettre

1. En France, elle est utilisée par les sophrologues, relaxologues et psychothérapeutes (NdT).

leur corps dans un état de profonde détente qui s'accompagne d'une détente psychologique. Avant de commencer l'exercice, j'aimerais vous démontrer comment notre corps réagit de façon inconsciente à ce qu'il imagine. Pour cela, prenez, si vous le voulez bien, une bague ou une rondelle qui se trouve dans votre boîte à outils. Accrochez-la à un fil très fin de 15 cm, par exemple à un fil de couture. Prenez le fil de couture à son bout entre le pouce et l'index. Tenez le fil lâchement et laissez pendre la bague ou la rondelle. Votre bras pend également. Imaginez maintenant que la bague commence à faire des cercles. Peu importe si elle tourne dans le sens des aiguilles d'une montre ou dans le sens contraire. Imaginez qu'elle tourne. Après quelques minutes, la plupart des gens remarquent que la bague tourne réellement. Elle a été influencée par le pouvoir de votre imagination. On peut même faire changer le sens de rotation de la bague de cette façon, ou la faire se balancer de droite à gauche. Cela commence avec l'imagination et cela mène réellement à un mouvement. À quoi cela tient-il ?

C'est très simple : sans que nous ayons besoin de le faire consciemment, notre corps fait bouger des muscles. Même des tout petits mouvements que nous ne percevons pas consciemment peuvent déclencher les mouvements de la bague. Les mouvements minuscules du bras et des doigts sont amplifiés par le fil fin et long et font ainsi bouger la bague. Les muscles suivent donc le pouvoir de notre imagination. Vous allez bientôt voir que le training autogène suit le même principe. Voici un des exercices de base de cette méthode utilisée par les thérapeutes[1].

---

1. Gerhard Stumm, *Psychotherapie – Schulen und Methoden*, Éditions Falter, Vienne, 2011, p. 127.

Exercice : Le training autogène dans la nature

PRENDRE PLACE

Trouvez un endroit dans la nature où vous ne vous sentez pas observé et où vous ne vous attendez pas à ce que votre cerveau reptilien déclenche le mode alarme. Nous avons déjà décrit dans les pages précédentes ce que cela veut dire. Vous pouvez également vous installer dans un jardin. Peut-être avez-vous dans les environs un lac calme ou un étang au bord duquel vous pouvez vous installer ? Essayez de sentir consciemment les odeurs de la nature qui vous plaisent. Le chant des oiseaux va également vous aider à vous détendre.

Trouvez un endroit agréable pour vous allonger – de l'herbe sèche ou le sol sec de la forêt. Si vous désirez avoir peu de contact avec la terre, vous pouvez vous allonger sur quelque chose de doux, sinon vous pouvez vous allonger directement sur le sol. Utilisez un tapis de sol pour les sols irréguliers.

LA POSITION

Allongez-vous sur le dos, les jambes détendues et les bras lâches le long du corps. Placez la paume de vos mains vers le sol. La meilleure position est celle qui est agréable et qui ne vous met pas en tension pour la maintenir.

EXERCICE DE RESPIRATION

Fermez les yeux et concentrez-vous sur votre respiration. Ralentissez sa vitesse et respirez lentement et de manière détendue. Remarquez comme l'air que vous inspirez soulève votre cage thoracique et votre ventre et puis sort de vous lorsque vous expirez. Votre ventre et votre cage thoracique s'abaissent lorsque vous expirez et se soulèvent lorsque vous inspirez. Ressentez également l'air qui pénètre vos narines.

Soyez attentif à la différence de sensations lorsque vous inspirez et que vous expirez l'air. Est-ce que la température de votre corps change ? Comment est l'humidité de l'air ? Gardez votre attention sur la façon dont vous inspirez l'air, sur les mouvements de votre corps lorsque vous respirez et sur vos sensations.

LE TRAINING AUTOGÈNE

Dites-vous au bout d'un moment à vous-même : « Mon bras droit est lourd. » Parlez-vous doucement, de façon presque hypnotique, et répétez la phrase encore et encore : « Mon bras droit est lourd… très lourd. » Imaginez qu'un poids pend à votre bras droit et le tire vers le bas. « Mon bras droit est lourd… très lourd. »

Remarquez comme votre bras devient agréablement chaud. Il est lourd et détendu.

Répétez la même chose avec le bras gauche. « Mon bras gauche est lourd… très lourd. » Un poids lourd pend à lui et le tire au sol. Il devient chaud. « Mon bras gauche est lourd… très lourd. »

Passez ensuite à votre jambe droite et répétez le même processus. « Ma jambe droite est lourde. » Après la jambe droite, passez à la jambe gauche.

Lorsque vos bras et vos jambes sont lourds, appréciez la chaleur qui traverse votre corps. Continuez l'autosuggestion : « Mon ventre est chaud… très chaud. » Répétez plusieurs fois la phrase, jusqu'à ce que vous sentiez la chaleur dans votre ventre.

Si vous vous sentez troublé par des pensées dérangeantes, n'essayez pas de les chasser, mais remarquez-les simplement et imaginez qu'elles deviennent des nuages légers qui passent devant vous et s'envolent lentement. Si des pensées empêchent de vous détendre, vous pouvez continuer l'autosuggestion en répétant : « Mon front est frais. » « Ma tête est légère et libre. »

Plus cette autosuggestion sera longue et plus vous répéterez l'exercice, plus ce sera facile de vous détendre. Vous pourrez faire venir la chaleur à vous simplement en utilisant des images et sans avoir à faire de l'autosuggestion verbale à tout prix. Élargissez l'exercice la prochaine fois. Lorsque vos bras et vos jambes sont lourds, imaginez que vos bras sont rattachés par un fer à cheval immense qui passe par votre nuque et repose lourdement. Imaginer des poids aux bras et aux jambes est également efficace.

C'est une expérience très agréable que d'être allongé dans cet état de détente dans la nature, de remarquer les bruits et les odeurs qui nous entourent et de se sentir en sécurité. Cela aide beaucoup en cas de stress et de panique intérieure. L'ambiance apaisante de la nature renforce l'effet relaxant du training autogène si vous vous trouvez dans un endroit qui est en accord avec votre biophilie intérieure.

Cet exercice fait partie de la base des psychothérapies autogènes. Les thérapeutes font souvent cet exercice de base avec leurs patients pendant des semaines et leur apprennent à faire de l'autosuggestion. Les plus expérimentés peuvent ensuite rappeler l'état de relaxation qu'ils ont appris à tout moment au quotidien, notamment dans les moments de stress comme des examens, des défis particuliers ou dans des moments de panique. Puis, les thérapeutes apprennent à leurs patients un exercice un peu plus difficile, dans lequel il s'agit de travailler avec les symptômes physiques et psychiques pour les diminuer. Les patients apprennent à être ensuite dans un état de détente et à prendre intérieurement de la distance avec des problèmes et des symptômes. C'est un des points les plus importants de la guérison autogène. Susanne Frei, psychologue et thérapeute autogène, écrit la chose suivante : « *C'est dans le calme et loin de l'envahissement émotionnel et des pensées handicapantes que les solutions qui sont dans notre inconscient peuvent être trouvées et les comportements peuvent être ainsi modifiés. C'est grâce à cela que de nombreux troubles psychosomatiques et neurologiques peuvent diminuer et même parfois être guéris*[1]. »

Celui qui se consacre plus longuement à la thérapie autogène peut faire des exercices encore plus difficiles. Il s'agit de la méthode de psychothérapie profonde de l'autoanalyse qui fonctionne avec le pouvoir de l'imagination. En utilisant l'exercice de base dont j'ai parlé précédemment, les patients abordent certains thèmes ou symboles de l'inconscient dans un état de profonde relaxation. C'est dans cet état que les patients voient des images, des symboles et des scènes apparaître qui suivraient la logique des rêves. D'après Susanne Frei, « *ils semblent manquer de logique et peuvent non seulement amener des moments d'épiphanie ou de profonde compréhension, mais également des expériences spirituelles* ».

Les neuroscientifiques ont pu prouver que faire régulièrement des exercices de training autogène provoque une restructuration du cerveau et peut même produire des changements hormonaux. Susanne Frei écrit à nouveau à

1. Susanne Frei, « *Autogene Psychotherapie* », dans Gerhard Stumm, *Psychotherapie – Schulen und Methoden*, Éditions Falter, Vienne, 2011, p. 127-132.

ce propos : « *Grâce aux pensées et aux paroles bénéfiques, on peut avoir une influence sur notre corps et notre inconscient.* »

De plus, comme vous le savez maintenant déjà, certains charmes de la nature ont une influence positive sur l'inconscient. On peut donc combiner les deux méthodes, le training autogène et l'expérience de la nature, pour donner de meilleurs résultats. C'est pour cela que j'ai présenté le training autogène dans ce livre.

La fascination de la nature : brancher le cerveau sur un nouveau mode

« *Une fois qu'elle vous a ensorcelé, la mer vous tient pour toujours dans son filet à merveilles.* »
Jacques-Yves Cousteau, pionnier français de l'exploration de la mer, 1910-1997

William James, éminent psychologue américain et cofondateur de la psychologie scientifique, s'est rendu compte dès 1890 que nous avions deux sortes d'attention. La première est l'attention volontaire. On l'emploie sans cesse, au travail, à l'école, lorsqu'on étudie, apprend, lit, en voiture, dans les activités du quotidien, mais également lorsqu'on conduit un Boing 747. L'attention volontaire nous coûte de l'énergie et de l'effort. Comme elle nous demande d'être actifs, elle nous fatigue et peut entraîner de l'épuisement et du stress. Et cela nous conduit à ce que notre attention en souffre et que nous devions dépenser d'autant plus d'énergie pour nous concentrer. C'est un cercle vicieux.

Mais il existe une autre sorte d'attention, qui ne nous coûte pas d'énergie, mais au contraire la régénère. Elle fonctionne d'elle-même. C'est la fascination.

La fascination fonctionne sans notre intervention et sans effort. Avez-vous déjà dû vous forcer pour être fasciné par quelque chose ? Rachel et Stephen Kaplan ont découvert que la nature est remplie de choses fascinantes qui attirent très naturellement notre attention. C'est la fascination de la nature qui agit. Ici aussi, il existe un rapport avec l'évolution. Que ce qui se passe dans la nature, ou que les animaux, les plantes, les montagnes, les nuages et de nombreuses choses nous fascinent autant et entrent en résonance avec nous a un lien avec le fait que notre cerveau s'est habitué et adapté aux charmes de la nature depuis des millions d'années. Indépendamment du fait que la nature représente donc notre maison intérieure, les constructions et les fabrications des hommes n'arrivent pas à la cheville des beautés de la nature et de ce qu'elle dégage. Bien sûr, la muraille de Chine est impressionnante et majestueuse, tout comme le pavillon d'or, le Kinkakuji, qui a été construit en 1395 à Kyoto, ou le Big Ben à Londres. Les pyramides sont également fascinantes et sont les produits des immenses savoir-faire des cultures anciennes. Mais essayez de comparer ces bâtiments avec l'expérience de vous trouver en haut d'une montagne et de regarder au lointain le paysage tandis qu'une buse vole haut dans le ciel en faisant des cercles au-dessus de vous. Nous avons tous vécu la fascination que peut déclencher la nature en nous : un ciel étoilé avec ses mystères éternels, la vue d'un arc-en-ciel charmant, d'une chute d'eau gigantesque, du Grand Canyon qui a été formé pendant des milliards d'années par la force des eaux du Colorado. Tandis que les constructions humaines peuvent être reconstruites, les phénomènes naturels ont eu une croissance organique et longue, ils sont uniques et ne peuvent pas être reconstruits une fois qu'ils ont été détruits. Ils sont des créations de la Terre. Bern Lötsch, biologiste et ancien directeur du musée d'histoire naturelle, a écrit à ce propos dans la préface d'un de mes livres[1] : « *Les biologistes sont souvent moins indulgents devant une forêt amazonienne qui brûle que les historiens de l'art devant le Louvre en feu.* »

Ce n'est pas toujours ce qui est imposant et frénétique dans la nature qui nous fascine tant. Imaginez de jolies prairies romantiques sur lesquelles poussent au printemps des fleurs et transforment le sol en de jolis tapis colorés. Pensez à une forêt mystérieuse avec des vieux chênes noueux couverts de mousse. J'ai déjà été fasciné par un chêne qui se trouvait sur la côte atlantique en Irlande, qui pendait au-dessus d'un gouffre et qui était tellement déformé par le vent que sa cime poussait parallèlement au sol, tel un drapeau. Les tempêtes de la côte avaient laissé leurs marques dans l'arbre et s'étaient inscrites dans ses branches. J'étais fasciné par ce chêne combatif et vigoureux et des années après, il symbolise toujours pour moi l'endurance et la persévérance. Je me souviens très bien à quoi il ressemblait parce que je l'ai longuement observé, j'étais… fasciné !

---

1. Clemens G. Arvay, *Fruchtgemüse – Alte Sorten und außergewöhnliche Arten neu entdeckt*, Éditions Stocker, Graz, 2011, p. 7-8.

N'oublions pas d'autres choses naturelles qui sont fascinantes, comme par exemple la colonisation des montagnes rudes par des plantes pionnières telles que le lichen, la bruyère, le genévrier, le pin et le bouleau. Elles font en sorte que la roche qui est rude et froide devienne presque nourrissante pour d'autres plantes. Saviez-vous qu'il existe en Australie un gui qui se transforme tellement que ses feuilles ressemblent aux feuilles de la plante sur laquelle il pousse ? Les botanistes ne savent toujours pas vraiment comment le gui fait pour savoir à quoi ressemblent les feuilles de la plante-hôte. Probablement qu'il existe un mécanisme inconnu qui fait que le gui peut accéder au code génétique de la plante afin de lui ressembler. Prenons un nouvel exemple qui ne se limite pas à l'Australie. Vous savez probablement déjà ce qu'est le lichen. Le lichen est un organisme qui résulte d'une symbiose entre un champignon et une algue. Le champignon constitue le thalle, tandis que l'algue pousse dans ses plis et dans l'humidité pour ne pas qu'elle s'assèche. Il la fournit en eau et obtient en échange des glucides grâce à la photosynthèse, ce que le champignon ne peut pas faire seul. Cette symbiose marche tellement bien qu'elle existe partout dans le monde. L'algue et le champignon envahissent ensemble et unis même les espaces les plus étranges. Ils prennent racine là où rien d'autre ne peut pousser. Ils poussent sur des roches arides et s'unissent pour donner aux autres plantes un nouveau sol. Ils ouvrent la surface des sols, lient des particules de substances organiques au rocher et font en sorte que des nutriments viennent s'y rassembler pour que d'autres plantes puissent pousser. Progressivement, la terre se développe sur la roche et les plantes l'habillent d'une jolie robe verte. L'un devient l'autre dans la nature et tous les êtres travaillent ensemble pour créer un nouvel espace pour de la vie. Vous verrez donc peut-être dorénavant le lichen d'un nouvel œil. La nature est tellement fascinante !

La fascination de la nature constitue donc la deuxième forme d'attention, comme l'ont découvert William James et les psychologues Rachel et Stephen Kaplan. Ces derniers ont travaillé pendant plus de dix ans afin de remettre au goût du jour la théorie de l'attention.

Les deux psychologues ont découvert que la fascination de la nature est telle qu'elle permet au cerveau de se reposer lorsqu'il utilise très fortement l'attention volontaire au quotidien, à l'école et au travail.

C'est parce que l'attention volontaire est épuisante que les Kaplan pensent qu'il est nécessaire de prendre des moments de repos. Lorsque nous nous laissons fasciner par la nature, ce qui ne manque pas d'arriver dès que nous traversons un paysage tous les sens en éveil, l'attention volontaire peut se reposer et elle est remplacée par la fascination.

Les deux psychologues Rachel et Stephen Kaplan ont pu prouver dans de nombreuses études que la fascination de la nature permet de rétablir rapidement l'attention volontaire. Et que c'est même mesurable. Ils ont donné à ceux qui ont été testés des tâches qui leur ont réclamé de l'attention, puis les ont envoyés dans la nature et leur ont ensuite donné de nouvelles tâches. Ils ont pu prouver que l'attention volontaire fatiguait et conduisait à des comportements impulsifs, du stress, de la nervosité et un manque de concentration. Trop d'attention volontaire entraîne des blocages neurologiques dans le cerveau. Ces informations devraient servir aux enseignants. Le fait de se promener dans la nature a permis de rétablir la concentration et d'améliorer les résultats aux exercices donnés. « *Lorsqu'on trouve un endroit où l'attention spontanée fonctionne automatiquement, alors l'attention volontaire peut se reposer* », écrit Stephen Kaplan[1]. Le couple de psychologues a également interviewé 1 200 employés de bureau. Ceux qui avaient vue sur des arbres ou de l'herbe ont témoigné avoir moins de problèmes de concentration et être moins frustrés par le travail que ceux qui n'en avaient pas. Ils avaient en moyenne plus de plaisir à travailler[2]. D'après Rachel et Stephen Kaplan, c'est la nature qui est la meilleure façon de permettre à notre attention volontaire de se rétablir et de remédier à la fatigue. Ces conclusions ont été confirmées par d'autres scientifiques.

En Suède, Terry Hartig, professeur de psychologie appliquée à l'université d'Uppsala, a fait des recherches sur des marcheurs. Lui et son équipe ont départagé les randonneurs en trois groupes. Le premier groupe a fait une randonnée en montagne, le deuxième en ville, tandis que le troisième groupe est resté à la maison. Ils ont ensuite testé le niveau de concentration des participants en leur donnant des textes à corriger. Ceux qui avaient fait la randonnée dans la nature furent ceux qui arrivaient à se concentrer le mieux, à déceler plus efficacement les fautes dans le texte qu'avant leur excursion dans la nature. Les autres,

---

1. Stephen Kaplan, dans Rebecca Clay, *Green is Good for You, Monitor on Psychology* 32, Washington, numéro 4, avril 2001.

2. Rachel Kaplan, Stephen Kaplan et Robert Ryan, *With People in Mind – Design and Managment of Everyday Nature*, Island Press, Washington DC, 1998.

qui avaient fait une excursion en ville ou qui étaient restés à la maison, n'ont montré aucun signe d'amélioration. Le professeur Hartig souligne qu'il ne compare aucun extrême dans ses études, comme par exemple les territoires ancestraux de la Sierra Nevada avec le centre-ville de Los Angeles ou bien les crêtes romantiques des montagnes de l'Allgäu avec le quartier industriel de Berlin. Il envoie ses participants systématiquement dans des zones urbaines et des zones naturelles moyennes de la région[1].

Le professeur Hartig et ses collègues sont tombés sur les mêmes résultats lorsqu'ils ont envoyé des gens faire une promenade de quarante minutes dans un parc naturel, un autre groupe dans une zone urbaine, et un autre groupe se détendre et écouter de la musique dans un lieu clos. Les participants devaient résoudre des exercices de concentration avant et après. À nouveau, ceux qui avaient passé du temps dans un parc étaient ceux qui arrivaient le mieux à se concentrer par rapport aux deux autres groupes.

Richard Louv, qui écrit entre autres pour le *New York Times* et le *Washington Post*, parle de la « ritaline naturelle » à propos de séjours dans la nature bénéfiques aux enfants qui souffrent de TDAH, de troubles de l'attention, et plaide pour qu'on remplace la ritaline et autres médicaments qu'on donne aux enfants par un contact avec la nature. Pour les enfants sans TDAH également, la nature leur permet de mieux se concentrer. Patrik Grahn, professeur de psychologie de l'environnement à l'université d'Alnarp en Suède, a comparé avec son équipe des enfants dans des

1. Richard Louv, *Das letzte Kind im Wald – Geben wir unseren Kindern die Natur zurück*, Éditions Herder, Brisgau, 2013, p. 136-137.

maternelles. Un groupe d'enfants jouait régulièrement sur une aire de jeux avec des sentiers pavés, des plantes basses et des immeubles. L'autre aire de jeux se trouvait dans un jardin fruitier, entouré de forêts et de prairies et longeant un jardin broussailleux, rempli d'arbres fruitiers anciens. Les enfants jouaient par quasiment tous les temps à l'extérieur. Le professeur Grahn a remarqué que ces enfants avaient une meilleure coordination des mouvements ainsi qu'une meilleure capacité de concentration par rapport aux enfants qui n'avaient pas d'aire de jeux verte[1].

Des scientifiques de l'université de l'Illinois ont prouvé, à travers de nombreuses études, que la nature aidait les enfants qui avaient de grands troubles de l'attention[2]. Leur aptitude à communiquer augmente également, comme l'ont découvert les chercheurs du laboratoire Human Environment Research de l'université de l'Illinois. Il a été également prouvé que les symptômes de TDAH, de l'agitation, de l'hyperactivité et du manque de concentration baissaient lorsque les enfants jouaient régulièrement dans la nature, cette dernière profitant plus aux filles qu'aux garçons. Les chercheurs de l'université de l'Illinois conseillent aux parents la chose suivante[3] :

- Motivez vos enfants à jouer dans des lieux d'où on peut apercevoir la nature.

1. Patrick Grahn, *Ute pa dagis, Stadt und Land* 145, Norra Skane Offset, Hässleholm, 1997.

2. Andrea Faber Taylor, Frances Kuo et William Sullivan, « *Coping with ADD – The surprising connection to green play settings* », dans *Environment and Behavior* 33, numéro 1, 2001, p. 54-77.

3. Richard Louv, *Das letzte Kind im Wald – Geben wir unseren Kindern die Natur zurück*, Éditions Herder, Brisgau, 2013, p. 138-139.

- Encouragez vos enfants à jouer dehors, dans des espaces verts.
- Œuvrez en faveur de cours d'école vertes. Cela permet aux enfants de se reposer et de retrouver leur attention.
- Plantez et occupez-vous de plantes et d'arbres là où vous habitez ou demandez à votre propriétaire de le faire.
- Occupez-vous des arbres et des plantes de votre entourage. Ainsi, vous faites du bien à vos enfants, aux autres et à vous-même.

Il est connu que la fascination de la nature peut déclencher chez les adultes et les enfants l'expérience du *flow*. Le *flow* est un état de focalisation intense sur une activité ou un moment. Cet état est souvent relié à des expériences spirituelles, des sentiments de joie, de créativité. Lorsqu'on se trouve dans un état de fascination pour la nature, on expérimente cet état de *flow*. De nombreuses personnes connaissent ce sentiment lorsqu'ils sont en train de jardiner : ils sont totalement absorbés par les plantes et la terre. L'expérience du *flow* peut se vivre également lorsqu'on bricole, joue de la musique ou regarde les étoiles dans le ciel. C'est un état méditatif.

Il est donc évident que la fascination de la nature permet beaucoup plus que la simple régénération de notre capacité de concentration et d'attention. La nature met notre cerveau sur un autre mode, les pensées qui nous accablent disparaissent, on se sent plus heureux et les problèmes prennent moins de place. Notre cerveau est plus libre et peut se consacrer à *résoudre* les problèmes ou à s'y atteler de manière constructive. Ainsi, passer du temps dans la nature devient plus qu'une simple activité de temps libre. Elle sert de base thérapeutique. Nous observerons de plus près la nature comme thérapeute dans le prochain paragraphe, après l'exercice suivant.

La méditation dans la nature : concentration et attention

« La concentration que nous acquérons par la méditation transforme la lampe de poche en un laser[1]. »
Rick Hanson, neuropsychologue et auteur

Grâce au couple de psychologues Stephen et Rachel Kaplan et à leur théorie sur la régénération de l'attention, j'ai eu l'idée de renforcer l'attention et la concentration dans la nature par un exercice. À savoir, par de la méditation dans la nature. Quoi de plus évident ?

La méditation est un moyen de tester notre concentration et notre attention et en même temps de la renforcer. Il existe deux formes de base de la méditation. La première est la méditation de la pleine conscience. Ceux qui la pratiquent s'ancrent dans le moment présent et sont pleinement conscients des sensations, des pensées qui apparaissent, sans les sélectionner. Certains s'efforcent par

1. Rick Hanson, *Le Cerveau de Bouddha, bonheur, amour et sagesse au temps des neurosciences*, Éditions Les Arènes, 2013.

là de se vider de leurs pensées et d'être dans le moment présent, d'être. Cela demande de la pratique.

Dans la nature, c'est la deuxième forme de méditation qui est idéale, celle de la méditation dirigée. Nous portons notre attention sur un objet. En fait, cela contredit les mécanismes évolutifs de notre cerveau lorsque nous nous trouvons dans la nature et que nous portons notre attention seulement sur un aspect. Notre cerveau reptilien et le système limbique préfèrent surveiller les alentours afin de n'omettre aucun endroit potentiellement dangereux. C'est contre notre comportement évolutionniste de se concentrer sur une seule tâche à la fois. Comme les animaux, nos ancêtres couraient le risque de se faire attaquer par surprise par un prédateur lorsqu'ils se concentraient sur une seule chose à la fois pendant plusieurs minutes ou plusieurs heures. Le grand défi, lorsqu'on est en train de méditer, est justement de ne pas céder à l'impulsion intérieure d'observer aux alentours et de rester réellement concentré sur une seule chose à la fois. C'est un bon exercice pour la concentration et l'attention.

« *Cela fait mille ans que les hommes savent comment renforcer leur attention grâce à des pratiques de contemplation* », écrit le neuropsychologue Rick Hanson dans son livre *Le Cerveau de Bouddha*. Il dénombre les cinq facteurs clés permettant de renforcer l'esprit et la concentration que le bouddhisme a élaborés avec les années[1].

1. Rick Hanson, *op. cit.*

La concentration appliquée

PORTER SON ATTENTION

Porter son attention sur un objet au début de la méditation. Dans la nature, cela peut être n'importe quel objet qui nous attire et nous fascine : un arbre, un rocher, une fleur, une cascade, ou bien un animal qui ne bouge pas trop rapidement et ne peut pas s'échapper, comme par exemple un escargot. Cela peut également être une odeur naturelle ou les bruits d'un écosystème.

MAINTENIR LA CONCENTRATION

Garder son attention sur l'objet et ne pas se laisser déconcentrer est ce qu'il y a de plus difficile lors de la méditation, qui pourtant éduque de façon efficace la concentration.

L'ENTHOUSIASME

L'intérêt intensif pour l'objet qui se traduit par un état de bonheur quand on est face à lui est ce qu'on appelle fascination. C'est un type de concentration qui est reposant. C'est en méditant plus dans la nature que l'on peut renforcer et utiliser cet état de fascination.

LA JOIE

Les sentiments positifs qui surgissent lorsqu'on se concentre sur l'objet sont le bonheur, la satisfaction, la paix et la détente.

L'UNITÉ DE L'ESPRIT

L'expérience du tout mène à la libération de l'esprit et à une grande sérénité. L'unité de l'esprit s'accompagne d'une forte conscience de sa présence. La nature est un espace idéal pour vivre l'expérience de l'unité de l'esprit. « Tout est lié et tout forme un tout. » Lorsque nous nous trouvons dans la nature, ces sentiments sont évidents, car nous sommes entourés par la vie. Tout est relié dans le réseau de la vie et se ressent fortement. Nous en faisons partie.

« *C'est en s'exerçant que la plupart des êtres humains améliorent leur capacité de se concentrer*, écrit l'expert en méditation Rick Hanson. *Peu importe si vous êtes un novice ou un expert, il est important de savoir que vous pouvez faire un certain nombre de choses avec votre cerveau pour renforcer votre esprit.* »

Exercice : méditer dans la nature pour améliorer son attention et sa concentration

CHOISIR UN OBJET

Trouvez un endroit calme dans la nature ou dans votre jardin où vous pouvez vous sentir non observé. Si vous avez choisi une forêt, faites en sorte de trouver un endroit protégé ou une cachette. Un roc est également un bon endroit pour méditer, ou même une colline ou une montagne. Ainsi, vous pourrez y admirer par exemple un coucher de soleil.

Ouvrez vos sens à la nature : y a-t-il des bruits que vous percevez, comme par exemple le chant des oiseaux, le bruit du vent, le murmure d'un ruisseau ou le bruit monotone de la pluie ? Ou bien avez-vous trouvé un objet qui vous semble intéressant ? Un morceau d'écorce rugueuse, le tronc d'un arbre ? Une racine impressionnante, un gland lisse, les piquants de la coque d'une châtaigne ? Ou bien est-ce l'apparence d'un objet qui a éveillé votre curiosité ? Par exemple, un arbre qui pousse de façon étrange ? Un bouquet multicolore ? Une tomate brillante ? Un coussin de mousse magique duquel sortent des champignons ? Un ver de terre, une coquille d'escargot, les étoiles, la Lune, le coucher du soleil, le lever du soleil ? L'odeur de l'humus dans la forêt ?

Trouvez quelque chose qui stimule vos sens, vous attire et libère en vous des sentiments positifs.

PORTER SON ATTENTION SUR L'OBJET

Découvrez la meilleure façon de percevoir l'objet que vous avez choisi. Vous pouvez utiliser vos oreilles, vos yeux, vos mains ou votre nez, si c'est une odeur. Vous n'êtes pas obligé de vous décider pour un seul sens. Un même objet peut être perçu par les cinq sens.

Par contre, si vous n'utilisez pas vos yeux, vous pouvez les fermer. Cela vous aidera à vous concentrer sur ce que vous entendez, sentez et touchez. Portez toute votre attention sur cet objet. Que ressentez-vous ? Observez chaque détail. Concentrez-vous totalement sur la façon dont vos sens perçoivent l'information. Laissez d'autres sensations apparaître en arrière-plan. Voici que débute la méditation.

MAINTENIR LA CONCENTRATION

Restez tout à vos sensations de la perception de la nature. Selon que ce soit quelque chose que l'on peut sentir, voir, entendre ou toucher, gardez cette sensation. Faites en sorte de percevoir de plus en plus de détails de l'objet. Fondez-vous dans l'objet. Si vous remarquez que vous relâchez votre attention, voici des astuces pour vous aider à la retrouver :

- Observez votre objet de plusieurs façons, sans relâcher votre attention. Un exemple : vous avez caressé de la mousse douce qui pousse sur une branche. Vous avez légèrement pressé vos doigts dessus et vous êtes totalement concentré sur ce que vous faites. Vous remarquez que vous relâchez votre attention. Utilisez donc le dessus de votre main pour sentir la mousse, ensuite l'intérieur puis l'extérieur de vos bras. Comment cette sensation change-t-elle lorsque vous modifiez votre façon de la toucher ?

- Imaginez un gardien qui observe comment vous arrivez à vous concentrer. Vous pouvez imaginer que ce gardien (ou cette gardienne) se trouve dans votre cerveau et est assis dans le cortex préfrontal, zone de l'imagination. Ce gardien vous aide à maintenir votre concentration sur l'objet. Il vous protège de ce que vous pouvez observer autour de vous. Imaginez qu'il vous observe pendant que vous vous concentrez et qu'il agit comme un policier qui règle la circulation par des stops. Le cortex préfrontal où est assis le gardien est la zone qui permet de maintenir votre concentration.

- Comptez votre respiration tout en restant concentré sur l'objet. Ne comptez que jusqu'à dix, puis recommencez depuis le début.

- Essayez de ranger vos sensations selon des qualités sensorielles. Que ressentez-vous lorsque vous regardez un coucher de soleil, touchez le tronc d'un arbre, écoutez le bruit d'un ruisseau ou autre chose ? Lorsque vous essayez de transformer vos sensations en qualités sensorielles, gardez votre esprit sur l'objet. Les émotions demandent de l'effort à votre cerveau.

- Si des pensées apparaissent et détournent votre attention, faites comme j'ai déjà décrit pour le training autogène, imaginez que les pensées sont des nuages. Observez les nuages de façon neutre et remarquez comme ils s'envolent facilement et légèrement au lointain.

- Souvenez-vous que vous pouvez réfléchir à toutes ces choses plus tard et que vous avez décidé de vous concentrer sur un seul objet. Vous voulez honorer cet accord et continuer votre méditation.
- Quand plus rien ne fonctionne et que votre attention est totalement attirée par quelque chose d'autre dans la nature, concentrez-vous sur ce nouvel objet et laissez tomber le premier.

ACCUEILLIR LES SENTIMENTS QUI APPARAISSENT

Observez les sentiments qui apparaissent, tels la joie, l'enthousiasme, la paix intérieure ou le sentiment de se sentir en sécurité. Invitez ces sentiments sans les forcer. C'est l'objet qui a provoqué les sentiments qui surgissent en vous. L'objet fait partie de vous. Faites l'expérience de renforcer les sentiments qui surgissent en vous. Rick Hanson écrit à ce propos dans *Le Cerveau de Bouddha* : « *Il existe un rythme naturel, qui permet (pendant la méditation) aux sentiments de se renforcer, pendant quelques secondes voire quelques minutes puis qui retombe.* »

Essayez toujours de renforcer vos sentiments positifs et de vous en imprégner pour que vous puissiez les rappeler à vous plus tard, au besoin. Plus vous vous entraînerez et plus ce sera simple de rappeler à vous, dans votre quotidien, les émotions et les sentiments positifs. L'objet sera devenu une partie de vous-même.

RETOUR

Lorsque vous sentez que vous avez fini de méditer ou bien que vous n'arrivez plus à vous concentrer, vous pouvez remercier l'objet intérieurement ou par un geste et porter à nouveau votre attention sur votre entourage jusqu'à ce que vous le perceviez à nouveau comme un tout.

Ancrez-vous dans le moment présent afin de ressentir que vous faites partie du cycle de la vie, des plantes autour de vous, des animaux et des hommes, des champignons et des micro-organismes, ainsi que de tous les objets inanimés de la nature comme les pierres, les rivières et les ruisseaux, les montagnes et les nuages. Tout a sa place et sa fonction sur la Terre.

Cette méditation de la pleine conscience peut s'étendre à la perception de tout un espace naturel, par exemple une clairière. Ici, vous pouvez utiliser tous vos sens. Mettez-vous dans une position confortable et agréable, fermez les yeux et portez un instant votre attention sur votre respiration. Ralentissez votre respiration. Portez maintenant votre attention sur vos oreilles. Que pouvez-vous percevoir ? Concentrez-vous totalement sur les différents bruits de la clairière. Essayez de les filtrer un à un et maintenez un instant votre attention sur un seul bruit.

Répétez la même chose avec les odeurs. Peut-être que cela vous aidera de « dissocier » les odeurs et de les percevoir les unes après les autres. Qu'est-ce que cela sent et d'où vient cette odeur ?

Procédez de la même manière avec ce que vous pouvez toucher dans votre environnement immédiat. Comment est le sol sur lequel vous êtes assis ou allongé ? Sentez vos jambes ou votre dos, selon que vous êtes allongé ou assis. Scannez pour cela votre dos ou vos jambes de façon systématique. Comment les parties de votre corps ressentent-elles le contact avec le sol ? Si vous avez suffisamment de temps, essayez de scanner votre corps, centimètre par centimètre, aux endroits qui sont en contact avec la terre et les éléments qui sont autour de vous.

Que sentez-vous lorsque vous mettez vos doigts dans l'herbe pour toucher la terre ? Vous pouvez creuser un petit trou dans la terre pour y glisser vos doigts. Comment l'humidité et la température du sol changent-elles lorsque vous sentez là où vous êtes allongé ? Y a-t-il des feuilles, des noix, des pierres dans votre entourage que vous puissiez toucher ?

Vous pouvez ouvrir les yeux et observer les pierres et les arbres.

La nature, ce médecin et thérapeute

À propos de la redécouverte des pouvoirs curatifs de la nature

« Il n'existe qu'une seule force curative et c'est celle de la nature. »
Arthur Schopenhauer, philosophe allemand et écrivain, 1788-1860[1]

Le médecin et philosophe grec Hippocrate parlait déjà au IVe siècle avant notre ère de l'importance de la nature sur la santé des hommes. Il existait déjà dans la Grèce antique des cliniques qui avaient des jardins pour les

1. Arthur Schopenhauer, *Neue Paralipomena,* par Eduard Grisebach (écrivain, érudit et bibliophile allemand, 1845-1906), 1896.

patients. Séjourner dans la nature faisait partie intégrante du processus de guérison. Les médecins prescrivaient également à leurs patients des séjours dans la nature lorsqu'ils quittaient la clinique. Ces endroits étaient appelés des « asclépiéions », d'après Asclépios, le dieu grec de la médecine. Les jardins jouaient également un rôle important dans les lieux de formation des médecins.

La médecine du futur se tournera très certainement à nouveau vers ces anciens modèles et prendra en compte le rapport entre l'homme et la nature dans les thérapies pour soigner les maladies mentales et physiques, et plus particulièrement pour les prévenir. Ce chapitre fournit les arguments en faveur de ce développement.

La psychosomatique écologique

La science moderne fait d'immenses progrès pour découvrir les causes des maladies. De nombreuses maladies très répandues restent, dans de nombreux cas, sans explication. Environ 60 % des causes des maladies, maladies chroniques et morts prématurées, ne reposent pas sur des faits concrets, comme les agents pathogènes, la pollution, les facteurs génétiques, etc. Trouver les causes des troubles psychiques est encore plus compliqué.

L'homme est un être holistique. Tout comme les processus dans notre corps et notre esprit, les rapports que nous entretenons avec les autres humains, les plantes et les animaux sont très complexes. Ils sont aussi complexes que les rapports que nous entretenons avec notre espace vital et la nature. Tout se joue sur le plan corporel et psychique. Nous sommes exposés à des poisons, vivons des stress, des tensions, des problèmes psychosociaux et peut-être fumons-nous et buvons-nous trop d'alcool ou ne nous nourrissons-nous pas correctement. Mais nous bougeons aussi à l'air frais et inspirons des substances aux propriétés thérapeutiques dans la nature par nos poumons et notre peau. La nourriture nous apporte également des substances saines, mais qui sont de plus en plus contaminées par des pesticides et des engrais chimiques, et le génie génétique s'efforce de transformer les plantes et les animaux ainsi que leur métabolisme et leurs compositions, ce qui complique encore les choses.

Pour résumer : nous sommes imbriqués dans la toile de la vie avec des influences positives et négatives à tous les niveaux dont nous n'avons aucune idée. Le fait de savoir pourquoi nous tombons malades ou restons en bonne santé ne peut, en général, être attribué à un seul facteur.

Nous avons montré plus haut à quel point notre imbrication à la nature, aux plantes, aux animaux est complexe. Soigner veut dire « rendre à nouveau entier ». Afin de pouvoir rendre la guérison possible, n'oublions pas nos espaces de vie naturels et notre rapport avec eux. Nous devons nous éloigner de la médecine qui regarde et soigne les symptômes et les manifestations psychiques et physiques de manière séparée. Certaines substances pharmaceutiques diminuent très certainement les symptômes, mais notre organisme est trop complexe pour en rester là. Prendre en compte l'homme comme partie de la nature, du cycle de la vie permet d'ouvrir de nouvelles perspectives et de nouveaux moyens de guérison dans la médecine et la psychothérapie. Je prendrai comme exemple les effets sensationnels des terpènes sur la communication des plantes. Ils boostent notre système immunitaire et aucune prescription de la pharmacie ne leur arrive à la cheville. Le système immunitaire est la base de notre santé et un des phénomènes les plus complexes de notre corps. Il ne se serait pas exagéré de dire que l'influence qu'exerce la nature sur notre système immunitaire et notre organisme est indispensable pour vivre. Le corps humain est lié à la nature et travaille en interaction avec elle. Les frontières sont floues, l'homme ne s'arrête pas à la surface de sa peau, comme nous l'avons démontré jusqu'à présent dans ce livre avec le système immunitaire.

Il s'est développé une très jeune discipline qui s'appelle la psycho-neuro-immunologie. Cette discipline s'attelle à étudier les influences de notre esprit sur notre système immunitaire et les influences de notre système immunitaire sur notre esprit. Le système nerveux est le médiateur entre le corps et l'esprit : c'est pour cela que cette discipline a pris pour nom psycho- neuro-immunologie. Si nous partons du principe que l'homme ne s'arrête pas à la frontière de son corps, on devrait alors ajouter trois lettres à cette discipline : « éco ». J'imagine que dans le futur, il pourrait exister une discipline qui s'appelerait « l'éco-psycho-neuro-immunologie ». Elle s'intéresserait au système très compliqué de la psyché, du système immunitaire et de la nature qui, à eux trois, forment un système fonctionnel.

L'homme est à prendre en compte comme faisant partie du système « nature » auquel il est lié depuis le début de l'humanité. Tous deux forment un tout fonctionnel.

C'est pour cela que toute « coupure » de la nature et de ses influences est un facteur déclenchant de maladies et de troubles. C'est comme si on coupait un morceau de l'homme nécessaire à son fonctionnement. Nous pourrions mieux comprendre de nombreuses maladies si l'on ne s'intéressait pas seulement aux influences négatives, mais également aux influences positives et vitales qui proviennent de la nature.

L'éco-psychosomatique

L'homme procède d'une unité du corps et de l'esprit qui est reliée et interagit. Cela se reflète dans la psychosomatique. Ce terme ne signifie que nous nous imaginons une maladie. La psychosomatique s'occupe des effets de l'esprit sur le corps humain et des effets du corps humain sur l'esprit.

Je propose d'élargir ce terme et de parler d'« éco-psychosomatique ». Cette nouvelle discipline reconnaîtrait le fait que non seulement le corps et l'esprit forment un tout, mais qu'ils entretiennent tous les deux un rapport très compliqué avec leur entourage et à la nature. Tous les trois, l'esprit, le corps et la nature forment une unité élargie et sont indissociables. Ainsi, le corps ne s'arrête pas à la peau, mais fait partie d'un système éco-psychosomatique.

La forêt, cette aide contre le diabète

« Une balade en forêt est une grande aide pour les patients qui ont un diabète de type 2. »
Yoshinori Ohtsuka, professeur de diabétologie, université de Hokkaïdo, Japon

Le diabète de type 2 est une maladie du métabolisme qui mène à un excès du taux de sucre dans le sang. Cette maladie touche avant tout les personnes âgées, mais également les personnes jeunes qui souffrent de surpoids ainsi que les enfants. Le diabète de type 2 peut avoir une origine génétique. Lorsque le surpoids en est la cause, les patients souffrent également d'hypertension artérielle et de taux de graisse sanguine trop haut. Lorsque le diabète de type 2 est détecté trop tard, il peut mener à une crise cardiaque ou attaque cérébrale, à une insuffisance rénale ou à une maladie coronarienne, qui est caractérisée par un apport de sang insuffisant au muscle cardiaque.

Il est important que les patients qui souffrent de diabète bougent régulièrement. Comment la nature peut-elle aider le patient ? Yoshinori Ohtsuka, professeur de diabétologie à l'université de Hokkaïdo, a fait une randonnée dans une région forestière avec 116 de ses patients. Il a prélevé des échantillons de sang avant leur départ pour mesurer le niveau de glucose ainsi que le niveau de sucre, puis il a laissé ses patients se promener en forêt. Il a partagé les participants en deux groupes selon leurs capacités physiques : un groupe a fait une randonnée de 3 à 4 kilomètres, tandis que l'autre a fait une randonnée de 6 à

7 kilomètres. Les deux groupes avaient droit à une pause de dix minutes. Le taux de sucre dans le sang a baissé de façon très significative pour les participants des deux groupes, et cela sans aucun médicament. Comme Yoshinori Ohtsuka a mené ses recherches également auprès de personnes qui se trouvaient dans la forêt sans faire de randonnée, il en a conclu que bouger en respirant le bon air des arbres et des plantes ou simplement savourer le fait de se trouver en forêt sans activité particulière était à peu près aussi efficace pour réduire le niveau de sucre chez les personnes diabétiques. La forêt soigne donc aussi non seulement le corps, mais également l'esprit.

Comment la nature apaise nos douleurs et nous permet de guérir plus rapidement

En 1984, un article publié dans la revue scientifique *Science* éveilla la curiosité de tous les médias à travers la planète. Roger Ulrich a pu démontrer qu'il suffit qu'une chambre de malade dans un hôpital soit face à un espace de verdure pour que la guérison après une opération s'accélère[1].

L'étude du professeur Ulrich avait commencé en 1972 et elle dura neuf ans. Il compara la convalescence de patients ayant une vue sur des arbres à ceux qui avaient

1. Roger Ulrich, « *View through a window may influence recovery from surgery* », dans *Science*, 27 avril 1984, American Association for the Advancement of Science, Washington DC, 1984.

vue sur un mur. Il fit attention non seulement à l'âge et au genre, mais également au type d'opération que les patients avaient subi. Ces patients avaient tous subi une ablation de la vésicule biliaire.

Cette étude publiée en 1984 dans la revue *Science* se révéla être un succès scientifique et on parle encore de cette découverte dans les cercles scientifiques. Être publié dans la revue *Science* est une haute distinction qui propulse la carrière d'un scientifique. En découvrant que les patients qui avaient vue sur un arbre guérissaient plus vite que ceux qui avaient vue sur un mur, Roger Ulrich apportait la preuve de l'effet de la biophilie.

Ce qu'il y avait également de fascinant, c'est que ceux qui avaient une vue sur des arbres utilisaient beaucoup moins d'antidouleurs et surtout des moins forts. Le groupe qui avait vue sur un mur utilisait beaucoup plus de médicaments pour combattre la douleur qui avaient un effet sédatif et provoquaient des vertiges. Il a même été constaté que ceux qui avaient passé un séjour à l'hôpital avec vue sur des arbres avaient moins de complications post-opératoires que ceux qui dormaient face à un mur.

Cette étude très révélatrice a souvent été prise comme modèle par de nombreux scientifiques. Les résultats de Roger Ulrich ont été prouvés, bien que certaines études aient été légèrement différentes. Ainsi, on sait que la présence d'une plante dans la chambre d'un patient peut accélérer sa convalescence ; il est d'autant plus dommage qu'elles soient interdites dans la plupart des hôpitaux pour des raisons sanitaires.

Ulrich a mené, au cours de sa carrière, de nombreuses études dans lesquelles il a pu prouver de façon sûre l'utilité des plantes dans la guérison des patients. Il montré par exemple aux patients des photos de nature, les a laissés se promener en forêt ou passer du temps dans un jardin. Et il a constaté que la nature apaisait réellement les douleurs, même si elle provenait de photos, de bandes-son ou de films.

« *Lorsque nous nous trouvons dans la nature sous une lumière naturelle, c'est là que peut se mettre en place une force qui apaise les douleurs* », explique le professeur Ulrich. La sécrétion de l'hormone du bonheur, la sérotonine, est amplifiée par la lumière du soleil. Dans le système nerveux central, la sérotonine inhibe l'impulsion douloureuse et la douleur se calme. La sérotonine nous donne un sentiment de paix, de satisfaction et de tranquillité. Elle supprime l'anxiété, les sentiments d'agression ainsi que le poids de l'inquiétude. Les dépressions sont souvent dues à un manque de sérotonine. La lumière du soleil joue un grand rôle dans l'augmentation du taux de sérotonine et donc dans l'apaisement des angoisses.

Il existe un deuxième mécanisme qui est le mécanisme de la fascination dont nous avons déjà abondamment parlé. La fascination est une forme d'attention qui se fait sans effort et nous permet de nous régénérer. Roger Ulrich écrit : « *C'est lors d'une excursion en nature que la réduction du niveau de stress et la distraction nous permettent de moins ressentir la douleur. Être distrait permet d'absorber la douleur. Plus on est attentif à la douleur, plus l'intensité de la douleur est grande. Lorsque les patients sont distraits par des images agréables de nature, ils sont moins canalisés sur la douleur qui peut alors réduire.* »

On peut bien sûr aussi détourner notre attention de la douleur en faisant du jardinage, par exemple. C'est pour cela que de nombreuses cliniques proposent maintenant de nos jours l'hortithérapie (la thérapie par les plantes). Roger Ulrich a prouvé que les patients qui se rendent régulièrement dans le jardin de l'hôpital ont besoin de moins d'antidouleurs.

Les médecins, les infirmières et les aides-soignants qui travaillent avec les personnes âgées font le même constat. Dans les maisons de retraite et les hôpitaux pour personnes âgées où il y a des jardins, les habitants et les patients qui passent régulièrement du temps dehors ont besoin de beaucoup moins d'antidouleurs et d'antidépresseurs.

Un troisième point qui joue dans le fait que la nature apaise les douleurs provient de la réduction du niveau de stress. Le professeur Ulrich explique que la sécrétion d'hormones de stress diminue et que la douleur est perçue de façon moins intensive.

Nous voilà arrivés au thème de la diminution du stress.

Ce que peut la nature dans la réduction du stress

« De plus en plus de maladies semblent avoir un rapport avec le stress. »
Ulrika Stigstotter, professeur de design médical, université de Copenhague, Danemark

Lorsque j'ai écrit à propos du cerveau reptilien et du système limbique, de notre système d'alarme et des éléments de la nature qui nous détendent, le stress était déjà un mot-clé important. Rien que le fait que la nature déstresse fait d'elle un médecin. Le stress n'est pas seulement désagréable, il cache des problèmes de santé très sérieux.

Les biologistes et psychologues Ludger Rensing, Michael Koch, Bernard Rippe et Volkhard Rippe ont décrit les nombreux risques pour la santé que cause le stress dans leur livre très complet, *Mensch im Stress : Psyche, Körper, Moleküle*[1]. Le stress chronique a des effets sur le système endocrinien, il affaiblit et bloque notre système immunitaire. Les hommes politiques néo-libéraux devraient y réfléchir sérieusement avant d'imposer des journées de travail de douze heures. Le stress donne des inflammations chroniques dans le corps. Il mène à des troubles du sommeil, à de la dépression, à des crises d'angoisse, à de la

1. Ludger Rensing, Michael Koch, Bernard Rippe et Volkhard Rippe, *Mensch im Stress : Psyche, Körper, Moleküle* (littéralement, « L'homme sous stress : esprit, corps, molécules », livre non traduit), Éditions Springer Sprektrum, Heidelberg, 2013.

fatigue chronique, à des maladies cardio-vasculaires, ainsi qu'à des troubles digestifs comme les brûlures d'estomac, des problèmes de digestion et un colon irritable. Le stress peut favoriser les troubles alimentaires ainsi que l'obésité. Il peut accélérer le déclenchement de la schizophrénie, lorsqu'elle se trouve à l'état latent[1]. À ce propos, les statisticiens médicaux ont découvert que les personnes qui vivent à la campagne souffrent moins de schizophrénie que ceux qui vivent dans les villes alors qu'elles ont toutes une prédisposition à cette maladie. Il se pourrait également que le cancer ait un lien avec le stress. La psycho-oncologie moderne démontre que la réduction du stress peut favoriser la guérison du cancer[2]. Ce n'est pas étonnant, car si le cancer affaiblit le système immunitaire, ce dernier ne peut pas bien faire son travail, c'est-à-dire détruire les cellules cancérigènes ou empêcher la dégénérescence des cellules. Le seul fait de savoir que le stress peut empêcher de lire et de traduire l'ADN démontre en quoi il existe un lien entre le cancer et le stress.

Au début de ce livre, lorsqu'il a été question des effets positifs du « vocabulaire des plantes » sur notre système immunitaire, j'ai présenté les travaux du professeur de médecine Qing Li de la Nippon Medical School de Tokyo au Japon et de ses collègues. Qing Li et six autres

1. Ulrika Stigstotter *et al.*, « *Nature based therapeutic interventions* », dans Christos Gallis, *Green Care : for Human Therapy, Social Innovation, Rural Economy, and Education*, Éditions Nova Biomédical, New York, p. 310.

2. Volker Tschuschke, *Psychoonkologie – Psychologische Aspekte der Entstehung und Bewältigung von Krebs*, Éditions Schattauer, Stuttgart, 2011.

scientifiques japonais ont également étudié sur des volontaires la façon dont l'air de la forêt influe sur les personnes souffrant de stress[1]. Les scientifiques ont constaté qu'une expérience passive en forêt faisait baisser le niveau de cortisol dans la salive alors qu'un paysage urbain ne parvenait pas à produire le même effet. Ce n'était donc pas le fait d'être assis calmement et agréablement qui comptait, mais ce qui entourait, la forêt ou la ville. Les scientifiques en conclurent que le « shinrin-yoku, *la baignade en forêt, devait être plus étudié et intégré dans la vie des hommes au quotidien pour améliorer la santé et la détente* ».

Trois autres scientifiques de l'équipe de Qing Li firent des prélèvements d'urine et constatèrent que la deuxième hormone du stress la plus importante, l'adrénaline, était également influencée par l'atmosphère de la forêt[2]. Une journée en forêt faisait baisser le taux d'adrénaline dans l'urine des hommes de près de 30 %. Après une deuxième journée en forêt, le taux baissait de 35 % en comparaison avec le jour d'avant la promenade. Les femmes profitaient encore plus de l'effet de la forêt : le taux d'adrénaline présent dans l'urine avant la promenade diminuait de plus de la moitié et le deuxième jour, il n'y en avait plus qu'un quart. C'était vraiment incroyable ! Un deuxième groupe fut envoyé se reposer en ville pendant deux jours. Le premier jour, le niveau d'adrénaline dans l'urine ne

1. Bum-Jin Park *et al.*, « *Effect of the forest environment on Physiological Relaxation using results of field tests at 35 sites throughout Japan* », dans Qing Li, *Forest Medicine*, Éditions Nova Biomedical, New York, 2013, p. 57-67.

2. Qing Li, Maiko Kobayashi et Tomoyo Kawada, « *Effect of forest environment on the human endocrine system* », dans *ibid.*, p. 89-103.

baissa que très légèrement et, fait très intéressant, le deuxième jour, il augmenta d'un niveau. Pouvons-nous donc en conclure que le fait de se promener en ville nous détend tout d'abord, mais que rapidement, nous en avons assez et que la ville nous stresse ? En tout cas, nous ne nous lassons pas de la forêt et les séjours de longue durée nous font du bien et réduisent considérablement notre niveau de stress.

Le taux d'une autre hormone de stress, la noradrénaline, a été également mesuré et on a constaté qu'il diminuait considérablement dans la forêt et très peu dans la ville.

Les scientifiques ont enfin démontré que l'atmosphère de la forêt active le système vagal, le « nerf de la tranquillité ». Il permet de se régénérer, de se détendre et de reconstruire ses ressources physiques et psychologiques.

Les scientifiques japonais supposent que l'effet déstressant de la forêt est d'une part psychologique et, d'autre part, qu'il est dû aux terpènes, qui servent aux plantes à communiquer entre elles. Une chose encore : le fait de se promener en forêt permet de lutter contre les problèmes de sommeil. Les études l'ont constaté.

Arbres, cœur, tension artérielle : la nature, cette cardiologue

Un scientifique coréen et quatre scientifiques japonais se sont intéressés à l'impact de la nature sur le cœur et la tension artérielle[1]. Ils ont fait des excursions en forêt avec les participants, puis se sont assis avec eux sur l'herbe pour observer passivement la nature. Les résultats ont montré que les deux formes, passive et active, de rencontre avec la nature ont provoqué une baisse de la tension artérielle et un ralentissement des battements du cœur. Au contraire, les participants qui étaient restés en ville ne montraient aucun signe d'amélioration de la pression artérielle ni des battements du cœur, mais plutôt, dans certains cas, une augmentation de la tension.

Les scientifiques ont également découvert que les substances aromatiques de la forêt qui sont libérées par les plantes sont également responsables de la diminution de la tension artérielle. Inhaler par exemple de l'huile de cèdre fait baisser la tension artérielle. Dans la nature, et plus particulièrement en forêt, nous inspirons un cocktail très puissant de différentes substances végétales, qui est plus complexe et du coup très puissant.

La fréquence cardiaque resta plus constante chez les personnes qui ont séjourné dans la forêt alors qu'elle ne cessa de fluctuer chez celles qui avaient passé du temps dans la ville.

Le cortex surrénal fabrique une hormone, la déhydroépiandrostérone (DHA). Cette hormone est un précurseur de l'hormone sexuelle masculine et féminine. Qing Li a pu prouver que la DHA se renforce dans le corps lors d'un séjour dans la nature, et plus particulièrement en forêt.

1. Bum-Jin Park *et al.*, « *Effect of the forest environment on physiological relaxation using results of field tests at 35 sites throughout Japan* », dans *art. cit.*, p. 57-67.

Cette hormone protège le cœur, mais également du diabète et elle réduit le risque d'obésité.

Leçons de la nature : la nature, cette thérapeute

«*Notre patrie, c'est la nature à l'état pur.*»
Henry Bugbee, philosophe américain, 1915-1999

«*Nous faisons partie de la nature de l'univers. Elle est notre nature. Notre caractère s'épanouit, noble et bienheureux, sous l'influence de la nature. Nous dégénérons lorsque nous en sommes coupés. Nous sommes à la maison avec elle.*»
Howard Zahniser, écrivain américain et militant de l'environnement, 1906-1964[1]

«*Je te le dis, ici, tu peux vraiment te régénérer. Tes maux d'estomac disparaissent et ta tête est plus claire.*» C'est par ces mots qu'un participant à une étude décrivit ce qu'il avait vécu dans la nature des montagnes Rocheuses aux États-Unis. Là où le fleuve du Colorado jaillit et où le pin jaune pousse, se trouve la station de recherche des

1. Cité dans William Borrie, Angela Meyer et Ian Foster, «*Wilderness experiences as sanctuary and refuge from society*», dans *Wilderness Visitor Experiences – Progress in Research and Management*, United States Department of Agriculture, 2011, p. 71.

montagnes Rocheuses, où les chercheurs ne font pas seulement des recherches sur la forêt et l'écologie. Ils font également des recherches sur les rapports entre l'homme et la nature et démontrent que le maintien de zones naturelles et de nature sauvage n'a pas seulement un avantage écologique, mais que la santé des humains en profite également. Les études sont faites dans les Rocheuses sur des volontaires et sont ensuite publiées avec les études d'autres scientifiques du monde entier. « *Ces études se basent sur les expériences que vit presque tout le monde dans la nature,* écrivent Daniel Williams, de la station de recherche des montagnes Rocheuses, et David Cole, du ministère américain de l'Agriculture. *Malgré certains points communs, les expériences sont individuelles et dépendent de la vie et des projets des personnes concernés*[1]. »

Les scientifiques ont inventé un terme pour décrire ce qui se passe à l'intérieur d'une personne quand elle se trouve dans la nature. Ce terme est abrégé en anglais par ICE, *immediate conscious experience in wilderness*, c'est-à-dire « expérience de conscience immédiate dans la nature ». Il s'agit de l'aspect psychologique de l'expérience de la nature. Que se passe-t-il à l'intérieur de quelqu'un lorsqu'il entre en contact avec la nature, quelles sont les états de conscience qu'il traverse, les nouvelles façons de voir et de penser qu'il développe, les solutions qu'il trouve ou apprend pour affronter les difficultés physiques

1. David Cole et Daniel Williams, « *Wilderness visitor experiences – A review of 50 years of research* », dans *Wilderness Visitor Experiences – Progress in Research and Managment*, United States Department of Agriculture, Forest Service, Rocky Mountain Research Station, avril 2011, Missoula, MT, p. 6.

ou psychologiques ? Quoi qu'il se passe dans l'esprit d'un homme lorsqu'il est plongé dans la nature, les psychologues de l'environnement nomment cette expérience « une expérience de conscience immédiate ». Alors que nous nous sommes avant tout penchés sur les effets de la nature et, faut-il le rappeler, le cerveau reptilien, notre « subconscient » ou les substances qui se trouvent dans l'air que nous inspirons, il s'agit maintenant d'envisager ce que la nature déclenche de façon totalement consciente en nous.

Nous, les hommes, nous n'utilisons pas seulement nos sens pour percevoir notre environnement, mais nous sommes enclins à puiser nos informations dans les impressions que nous nous faisons de ce que nous voyons, entendons, sentons, touchons. Il en va de même pour notre environnement social. Nous l'analysons avec l'idée de le comprendre. L'humain est la seule espèce sur la planète qui cherche à ce point le sens et la signification des choses, et cela, également dans la nature. Nous pouvons interpréter la nature, trouver des métaphores et des symboles qui nous « parlent ». C'est un processus très individuel. On interprète la nature en fonction de son histoire, de sa situation actuelle et des problèmes qui nous préoccupent.

Un germe peut symboliser par exemple notre désir d'enfant, le développement d'une idée commerciale ou d'un projet de vie qui mûrit en nous. Un arbre majestueux dans un lieu désert qui brave le vent et le temps peut nous faire penser à la fermeté, comme lorsque j'ai vu ce vieux chêne noueux sur la côte tumultueuse du pays de Galles. Dernièrement, j'ai distingué une tige verte qui sortait d'une bouche d'aération dans la rue. Elle avait pris racine dans une toute petite motte de terre qui était là. Elle avait de nombreuses fleurs. J'ai spontanément pensé qu'on pouvait en faire beaucoup avec peu, comme fleurir par exemple dans des conditions difficiles, lorsqu'on en avait la volonté. La vue de cette tige pleine de vie m'a amené à faire ce rapprochement. Pensez également à la façon dont un saule résiste après une maladie. L'arbre trouve de nouvelles ressources et tente de revivre et de dépasser ses blessures. Qui se trouve dans le même genre de situation, qui veut guérir de ses blessures et reprendre force trouvera probablement une forme de solidarité auprès de cet arbre et se laissera inspirer par sa force. Elle lui murmurera peut-être : « *Tu n'es pas seul, moi aussi, j'ai réussi. Toi aussi, tu peux te relever.* » La symbolique d'un arbre blessé et mutilé, qui garde son envie de vivre malgré son sort fatal, est très puissante.

La nature nous offre des impressions que nous pouvons voir et interpréter comme des symboles, mais également un espace dans lequel la retraite et la réflexion sur soi sont aisées. Elle nous livre la matière et l'espace pour réfléchir. La valeur de la forêt se trouve dans le *being-away*, l'absence, l'être ailleurs. Lorsque nous sortons des expériences du quotidien et nous trouvons dans un milieu inspirant et peu familier, nous pouvons prendre de la distance avec nos problèmes. Les psychologues Rachel et Stephen Kaplan, de l'université du Michigan, ont travaillé sur le mécanisme que la nature déclenche sur notre cerveau, le *being-away* et l'espace qu'il crée en nous. Ce fut le résultat de nombre de leurs études où les participants avaient trouvé refuge dans la nature et en témoignaient.

Being-away veut également dire que nous faisons une pause vis-à-vis de la société, de la civilisation humaine, pendant un temps, seul ou en compagnie. Loin du consumérisme, loin du monde digital, loin des attentes des autres, loin de la pression et du corset que la vie moderne nous fait souvent porter. Loin d'un monde qui attend de nous que nous nous conformions, que nous soyons une bonne personne, que nous nous adaptions, que nous soyons travailleurs et productifs.

Being-away veut dire que nous évoluons dans un environnement dans lequel nous avons le droit d'être qui nous sommes. C'est ce qui est ressorti de mon voyage par la transe dont j'ai déjà parlé longuement. Le vieil homme que j'ai rencontré dans la nature paradisiaque que mon inconscient avait imaginée pour moi symbolisait une qualité décisive de l'expérience dans la nature. C'était le fait de pouvoir être comme on est, de se sentir accepté. Les plantes, les animaux, les montagnes, les fleuves, la mer ne s'intéressent pas à notre productivité et à nos exploits, à notre apparence, à notre salaire, à notre constitution psychique. Nous pouvons être parmi eux et participer à la toile de la vie même quand nous nous sentons faibles, perdus ou débordants d'idées et hyperactifs. La nature ne nous envoie pas de facture d'électricité. Le fleuve de la montagne ne nous fait pas payer l'eau pure et claire que nous puisons, lorsque nous séjournons sur ses berges ou y campons. La nature ne nous juge pas. *Being-away* est la liberté de ne pas être contrôlé et jugé, de ne pas devoir se conformer à quoi que ce soit.

La nature comme espace de repli de la société : la guérison par l'isolement

Je suis tombé sur une étude intéressante qui correspondait exactement à l'aspect de l'expérience de la nature où les hommes peuvent être tels qu'ils sont, sans la société qui les juge. Angela Mayer, de l'université du Montana aux États-Unis, a invité des femmes à passer quelques jours dans la nature[1]. Ces femmes avaient toutes un point commun : elles n'étaient pas hétérosexuelles, mais homosexuelles, bisexuelles ou transsexuelles. Il ne fait aucun doute que notre société moderne et avancée est toujours touchée par les préjugés contre les homosexuels. Permettez-moi de faire une digression alarmante avant de continuer à propos de l'étude d'Angela Mayer. Si vous croyez que l'homosexualité est dorénavant tolérée dans notre société, l'histoire suivante va vous prouver le contraire.

Un scandale dans un vieux café viennois réputé a fait parler de lui dans tout l'espace germanophone, juste avant que je ne rende le manuscrit de ce livre. Un couple de lesbiennes s'était embrassé dans le café Prückel et avait été méchamment prié d'arrêter de le faire. D'après les médias, le couple a été ensuite traité de manière désobligeante. Les deux femmes se sont plaintes auprès de la gérante,

1. William Borrie, Angela Mayer et Ian Foster, « *Wilderness experiences as sanctuary and refuge from society* », *op. cit.*, avril 4-7, Missoula, MT, p. 70-76.

mais celle-ci a sauté sur l'occasion pour les mettre à la porte du café[1]. « On n'est pas obligé de montrer ouvertement que l'on est ensemble, *a raconté la gérante aux médias autrichiens.* Je trouve ça triste qu'on se sente obligé de montrer ouvertement son affection. » *Elle a condamné « l'exposition publique de la différence*[2]. »

Lorsque quelqu'un trouve que c'est « triste » de démontrer son affection « publiquement », je trouve au contraire que c'est cette déclaration qui est triste. Que certaines personnes aient encore besoin de dire qu'on devrait se cacher des autres quand on est avec un partenaire du même sexe n'est pas seulement triste, mais démontre à quel point les humains font ce que les animaux et les plantes ne font pas : juger, repousser ce qui est différent de nous et les forcer à se conformer à une image. L'homosexualité existe dans le monde animal tout autant que chez l'homme. Mais personne ne les rejette de la forêt ou ne les met au ban. La nature et ses habitants sont plus faciles à aborder et plus tolérants. Nous n'avons pas à mériter notre place parmi eux en nous forçant à correspondre à leurs normes et à leurs attentes.

Angela Mayer, de l'université de Montana, a interrogé de nombreuses femmes qui ont participé à une étude sur la nature. « *J'ai entendu de nombreuses histoires incroyables*

1. wien.orf.at/news/stories/2688749.

2. www.news.at/a/cafe-prueckel-lesbisches-paar-kuss-rauswurf-protest.

à propos du lien à la nature et à quel point la nature était un lieu pour fuir les structures et les jugements et se lier avec la nature et son propre corps», écrit-elle. Ces femmes se sentaient exclues, jugées et différentes des autres, mais dans la nature, elles parlaient de l'impression d'être arrivées, de se sentir complètes et rattachées à cet élément. Le mot «neutralité» ressortait de nombreuses fois. La nature serait neutre vis-à-vis de l'orientation sexuelle des participantes. Une participante du nom de Béatrice a raconté son expérience de cette manière:

«*La nature est un espace loin de la société, mais aussi loin de la "réalité". Pour moi, c'est un endroit où je me sens bien, sans devoir m'adapter. Je peux être moi-même. C'est une façon de s'éloigner du quotidien et de se détendre. Je ne savais pas tout d'abord pourquoi je me sentais si bien ici. Mais vraiment: c'est dû en grande partie au fait que je ne me regardais pas comme un homme, hétérosexuelle, lesbienne ou bisexuelle et que ça n'avait aucune incidence. J'étais tout simplement une créature parmi d'autres, dehors, dans les bois.*»

Le fait de faire la paix avec son propre corps, de prendre son corps comme il est et de respecter la nature et le corps humain n'a pas joué un rôle important seulement dans les études d'Angela Meyer, mais également dans d'autres études. Les chercheurs racontent très souvent que faire l'expérience de la nature modifie le regard sur notre entourage et sur son propre corps de façon positive. Même les personnes avec des troubles alimentaires, qui se trouvent trop grosses alors qu'elles sont en sous-poids, perçoivent leur corps différemment. Il en va de même de ceux qui souffrent de dysmorphophobie corporelle, un trouble de la perception qui fait qu'un petit défaut est perçu de façon dramatique engendrant chez certains des comportements de repli et de tentative de suicide. Il n'y a très souvent aucun défaut notoire, il a juste été imaginé par la personne. La plupart des gens qui souffrent de ce trouble passent leur temps devant le miroir à s'observer et ne sont même plus capables d'aller travailler. Passer du temps dans la nature permet d'avoir un regard objectif sur son corps et de s'accepter[1].

Ce changement positif de la perception corporelle n'est pas étonnant. Il se base sur de nombreux facteurs qui ont été déjà abordés dans le livre : la nature attire notre attention sur l'extérieur et ce qui nous préoccupe intérieurement à propos de défauts physiques (imaginaires ou réels) passe en arrière-plan. Notre attention est activée parce que nous sommes fascinés par ce que nous voyons et elle laisse la place à de nouvelles perspectives et points de vue sur des problèmes anciens. Rachel et Stephen Kaplan, psychologues de l'environnement, partent du principe que la concentration nous permet de faire de la place à de nouvelles façons de penser et de sentir. Qui a un problème avec son corps peut savourer le fait de se montrer, sans être gêné, dans la nature. Les arbres, les animaux, les champignons et les fleuves ne nous jugent pas pour notre apparence, contrairement à de nombreuses personnes de la société. Qui observe la nature trouvera très certainement de nombreux signes qui montrent que la nature n'est pas parfaite. Les arbres, les buissons, les animaux qui nous fascinent et que nous trouvons magnifiques ont souvent

1. Tiré de témoignages qu'ont apporté des participants à l'auteur lorsqu'il a suivi une formation pour devenir psychothérapeute.

des défauts physiques et des blessures. Mais pourtant, nous les trouvons magnifiques. La nature n'est pas symétrique et froide. C'est justement la diversité des formes et l'asymétrie organique qui rendent la nature attirante. Qui s'ouvre à son énergie peut changer sa façon de voir son propre corps et ses attentes concernant la façon dont un corps doit être fait et formé, grâce au fait d'avoir passé du temps loin de la société et de ses influences. Celui qui passe quelques jours dans la nature fuit également l'idéal de beauté des médias et des panneaux publicitaires, des clips de musique, des magazines people et de Photoshop. Pendant quelques jours, on peut se défaire de la pression de la société qui vous indique constamment ce qui est beau et ce qui ne l'est pas et à quoi une femme et un homme doivent ressembler. Plus la coupure de ce genre de diktat est longue, plus l'aide de la nature pour l'abandonner se fera facilement.

Angela Mayer, de l'université de Montana, parle de « *l'acceptation de la vitalité de son propre corps* » et de la perception curative « *d'être un des nombreux animaux de la Terre.* » Une participante du nom de Sage a raconté une expérience qu'elle a faite avec les autres femmes :

« *Nous sommes arrivées à cet endroit. On avait chaud et on était fatiguées et sales. Cela faisait longtemps que nous n'avions pas vu ce genre d'eau. Alors, on a laissé tomber nos sacs à dos sur le sol et on a enlevé nos vêtements. Pour moi, c'était l'exemple le plus parfait de… Vous savez, nous étions à ce moment-là comme des animaux dans nos corps. Nos corps étaient nos outils, nos moteurs. C'étaient eux qui nous maintenaient et nous représentaient. Ils étaient nous. Et nous étions une communauté comme ça. Et, waouh, c'était… Je n'oublierai jamais ce genre de sensations et ce lien avec la nature, avec moi-même et les autres et le paysage.* »

Une autre participante a décrit plus tard, quelque temps après son expérience dans la nature, quel impact elle a eu dans sa vie : « *Je me sens plus ancrée dans ma vie. J'ai l'impression qu'être dehors me donne plus de temps pour réfléchir à mes buts et à ce qui est justement important pour moi. Je me sens plus stable et plus enracinée avec ce en quoi je crois.* »

D'autres participantes ont tiré des conclusions de leur séjour dans la nature : « *Peu importent les problèmes que tu rencontres dans ton quotidien, tu peux toujours sortir dehors dans la nature et réfléchir et te rendre compte à quel point certains problèmes sont en vrai sans importance. La nature est réellement un endroit pour moi, dans lequel je peux vraiment être ce que je suis.* »

De nombreuses participantes ont apprécié le fait de laisser leur « moi digital » derrière elles, de ne pas être joignables par mail, ni Facebook, et d'éteindre leur téléphone portable.

Angela Meyer et ses collègues William Borries et Ian Foster se sont rendu compte que les participants de différentes études qui ont été faites sur la nature utilisaient avant tout des termes qui décrivaient le renouveau et la redécouverte. Ils parlaient régulièrement de nouvelle orientation, de focus et de redécouverte d'aspects d'eux-mêmes, dans leur vie ou dans la nature. Il s'agit de (re)trouver des perspectives, des buts, des projets de vie. De nombreux participants ont témoigné avoir retrouvé de nouvelles forces pour faire face à leurs buts avec plus d'élan, pour assumer leurs visions et ne pas se laisser détourner de leur chemin par les attentes et les opinions des autres.

Lorsque la Lune et les montagnes m'ont donné une leçon

C'est quelque chose que d'être tout seul dans la nature. Nous avons du temps pour nous, pouvons décider de manière souveraine combien de temps nous voulons rester sur un rocher ou sur les berges d'une rivière. Cela demande de l'entraînement que de se sentir bien avec soi-même. Être seul peut être une expérience très enrichissante. Il y a quelques années, je suis parti à la montagne en hiver. J'ai monté dans la montagne jusqu'à un petit chalet, niché dans une forêt de pins couverte de neige. J'étais très content lorsque j'y arrivai. J'avais loué ce petit chalet pour quelques jours à un paysan. J'étais à la recherche de l'effet de la biophilie et j'avais besoin de prendre de la distance avec mon métier et mon quotidien et voulais changer d'orientation. Je suivis donc le sentier pour monter dans la montagne comme me l'avait décrit le paysan. Lorsque j'arrivai à une petite clairière, je pus voir le toit du chalet. Il était pointu et raide et couvert de tuiles, comme une petite maison en pain d'épice. Ma joie grandit. Au tournant, je vis entièrement le chalet. C'était une maison en pain d'épice ! Et cette jolie petite maison serait pendant quelque temps mon refuge.

Les toilettes se trouvaient devant la maison, sans eau et chasse d'eau, bien évidemment. Le bois pour le feu qui devait servir à me chauffer les prochains jours était entassé à côté de la porte. J'entrai, posai mon sac et m'occupai d'abord du poêle. Lorsque la pièce commença à chauffer, je fis bouillir de l'eau pour me faire du thé. Il n'y avait pas d'électricité. Dehors, la nuit commençait à tomber et la Lune apparut. Je savourai mon thé dans cette pièce en bois et regardai par la fenêtre. Le soleil était couché, mais il ne faisait pas encore nuit. La lune illuminait le paysage d'une façon magique. C'était une lumière argentée et merveilleuse qui ensorcelait la forêt et les arbres. Je frémis légèrement, car ce que je voyais était à la fois gracieux, un peu surréaliste et inquiétant. C'était comme s'il existait un secret qui était enterré sous le clair de lune et qui attendait que je le découvre. La neige au sol et sur les branches des arbres reflétait la lumière de la lune. Il faisait quasiment aussi clair qu'en plein jour. Je ne pus résister à la tentation de faire une randonnée à cette heure tardive.

Je montai tout droit dans la montagne. Accompagné par une mer d'étoiles au-dessus de ma tête, je dépassai la limite de la forêt, marchai à travers la neige sur un sentier raide, traversai des genévriers et montai de plus en plus haut. Le silence était si intense que je pouvais l'entendre. Je regardais vers la vallée à travers les cimes des arbres. Ma randonnée dura des heures et je regagnai le chalet bien après minuit. Avant d'aller dormir, je fis un feu à l'extérieur de la maison et regardai les flammes danser. Je jouai de la guitare et savourai, comme jamais, la solitude. Mais je n'étais pas vraiment tout seul, car je partageais la montagne avec tous les animaux qui vivent la nuit et qui avaient très certainement remarqué mon arrivée. Quelque chose se mit à s'activer et à mugir derrière la maison et m'arracha à mon état contemplatif. Je pensais immédiatement à un ours alors qu'il n'y en avait pas dans la région. Mais ma première idée s'envola tout aussi rapidement que la peur qui m'avait traversé le corps. C'était un blaireau qui avait fait ce bruit et qui s'était senti probablement dérangé par mon feu dans son espace intime.

Je passai un des meilleurs moments que je n'aie jamais vécu. Je ne revis plus le blaireau, mais je pouvais voir tous les matins la trace de ses pattes devant le chalet. Le banc fut renversé deux fois et je suspectai le frère blaireau. Ses traces menaient à cet endroit et la neige avait été déblayée jusqu'à la terre dure à côté du banc.

Pendant ma retraite sur la montagne enneigée, je pus mieux clarifier mes pensées que dans mon quotidien. J'étais libéré des influences de la société. C'est grâce aux réflexions de cette période que je suis réellement devenu écrivain. Qui veut écrire des livres et espère pouvoir gagner sa vie avec ça doit faire face à de nombreux commentaires démotivants. Écrire n'est pas une activité principale, ce ne peut être qu'un passe-temps ou un salaire d'appoint pour se faire un nom qui aidera dans son vrai métier. L'attitude de ceux qui disent cela reflète l'aspect du profit et du coût dont notre société est remplie. Je me souviens d'une éditrice qui m'avait dit lorsque nous étions en train de marchander pour quelques pourcentages : « *Monsieur Arvay, vous savez bien qu'on ne peut pas vivre de sa plume.* » En quelque sorte, elle n'avait pas tort. Mais le métier de mes rêves est et restera celui d'écrivain. Je n'étais pas heureux en tant que biologiste, car je n'avais très certainement pas étudié la biologie pour établir des statistiques et travailler avec un ordinateur sur des tableaux. Dans les montagnes, j'ai pu aller à la rencontre de moi-même et de mes envies sans être interrompu. Il n'y avait personne pour me dire à quoi doit ressembler un métier sérieux et à quel point il n'y avait pas d'avenir dans le métier d'écrivain. La seule voix qui me parlait était ma voix intérieure, et elle le faisait dans le royaume des animaux, des plantes et des fleuves de montagne.

Je pouvais me percevoir comme faisant partie du cycle de la vie. Ici, personne ne s'occupait des factures et de la grille des salaires, de la carrière ou de performance économique. Je compris que la vie fonctionne de façon simple et naturelle. On peut vivre, comme dans cette hutte, de façon simple, et être très heureux, même plus heureux, et ne pas avoir peur des chiffres sur son compte bancaire qui ne sont rien d'autre que « *des nombres sur l'ordinateur* », comme l'a formulé le comédien autrichien Roland Dürringer. Tous les livres traitent de la relation entre l'homme et la nature, de notre nourriture et de l'agriculture, des jardins et de l'écologie. C'est là-haut, dans la montagne, que j'ai décidé de prendre des risques, de quitter mon métier qui n'avait plus rien à voir avec la biologie, d'utiliser mes épargnes et de me consacrer totalement à l'écriture. J'ai décidé de suivre mon instinct, d'écouter seulement ma voix intérieure et d'ignorer les commentaires pessimistes à propos du métier d'écrivain. J'ai ainsi écrit mon deuxième livre avec beaucoup d'ardeur et il devint un best-seller en Autriche. S'ensuivirent d'autres livres qui eurent du succès, et le livre que vous tenez dans les mains est le sixième livre que j'ai écrit. Un de mes livres a même été traduit en japonais.

Je ne suis pas devenu riche, mais je gagne un salaire correct. Ma plus belle récompense est cependant que je fais mon travail avec plaisir et qu'il donne du sens à ma vie. Le vieux bureau de mon ancien travail ne me verra plus jamais. Si jamais j'ai des problèmes financiers, je demanderai au paysan si je peux dormir un temps dans sa maison en pain d'épice et en échange, je travaillerai pour lui dans sa ferme.

Je suis convaincu que l'expérience dans la nature a contribué à me faire suivre ma voix intérieure et à écrire des livres. La nature m'a conforté dans l'idée de faire attention à ma voix intérieure et non aux paroles des éditeurs ou des autres qui m'ont prédit un avenir sans pain.

Je perçus la nature de façon mystérieuse comme jamais auparavant. Une nuit, alors que j'étais devant un feu devant la hutte et que je regardais au-delà des cimes des arbres et des sommets enneigés, il y eut tout à coup des voix dans l'air. Je ne savais pas ce que c'était, mais de la vallée surgissait un murmure. Était-ce le murmure du vent ? Est-ce que le vent portait jusqu'à moi des voix de la nuit ? Étaient-ce les bruits calmes des animaux qui surgissaient du plus profond de la nuit ? Je me redressai et je regardai le paysage. Je n'avais jamais entendu de tels murmures jusqu'alors. Je frissonnais agréablement. J'avais l'impression que la forêt me parlait. Je fus pris d'un profond sentiment de respect pour cette nature qui, bien que je sois biologiste, restait un profond mystère pour moi. Je ne sais pas ce qui a déclenché ce murmure des bois. Je ne l'avais sûrement pas imaginé et il y a très certainement une explication. Je ressentis très clairement que je voulais écrire sur cette nature et ses mystères. Je me rassis au coin du feu et les murmures s'arrêtèrent peu à peu.

Je repense à cette nuit avec grand plaisir. Je me sens protégé et privilégié. Même si les murmures peuvent être expliqués de la façon la plus banale, l'effet qu'ils ont eu sur moi ne peut en aucun cas être terni. C'était l'effet de la biophilie dans sa forme la plus mystérieuse que je n'ai jamais rencontrée. Il s'est passé quelque chose entre moi et la nature. Et je n'ai plus jamais perçu de murmure de ce genre depuis.

Faire l'expérience de la nature thérapeutique avec les autres

« La nature sauvage n'est pas le contraire de "cultivé". C'est le contraire d'"attaché". »
Vandana Shiva, scientifique indienne et militante en faveur des droits humains

La nature est idéale pour passer du temps et se reposer avec quelqu'un. Lorsque je me suis trouvé quelques jours dans la montagne, j'ai passé beaucoup de temps centré sur moi-même parce que j'étais seul. Mais passer du temps avec quelqu'un dans la nature ouvre sur de nouvelles perspectives. L'homme est un être social qui a besoin de compagnie. Puisqu'il est dominé par le stress dans la vie quotidienne, l'interaction sociale perd un peu de son sens. Nous rencontrons après tout, constamment des gens : dans le métro, dans le bus, lorsqu'on fait les courses ou au théâtre. Nous parlons avec des collègues au travail, à l'université ou à l'école. Nous avons peut-être l'impression de tisser constamment des liens sociaux, mais en fait, la plupart des conversations que nous avons tournent autour du quotidien, c'est-à-dire du travail, de l'université, de l'école, des courses, du dernier film que nous avons vu et peut-être de la politique et de grands thèmes de société. C'est important. Mais une rencontre de personne à personne, ouverte et sincère, est très rare au quotidien. Notre communication se déplace de plus en plus vers le monde numérique. Nous avons peut-être l'impression, via les mails et les médias sociaux, de cultiver des contacts, mais il nous manque quelque chose de décisif : la présence de l'autre.

La nature offre un cadre très précieux pour se rencontrer et se reposer, être ensemble, d'humain à humain. J'aimerais vous faire une proposition afin d'organiser au mieux une expérience en groupe dans la nature, une sorte de *retreat*[1].

Retreat est le mot anglais pour « retraite », une pause spirituelle planifiée loin de l'environnement quotidien. C'est ce que Stephen et Rachel Kaplan ont appelé *being-away*. Bien sûr, il n'est pas obligatoire qu'une retraite s'effectue dans la nature. Mais la nature est un espace qui s'y prête particulièrement bien parce qu'elle nous permet d'entrer en contact avec nos racines. Nous pouvons symboliquement et littéralement être « entièrement humains » dans la nature et vivre un peu comme nos ancêtres. Nous pouvons redécouvrir une partie de notre état sauvage, qui n'est pas le contraire de la culture, comme l'a dit Vandana Shiva, mais de l'attachement. Faire une retraite dans la nature permet donc de se détacher, de se libérer des conventions et des contraintes sociales. Cette prise de conscience est un peu

1. En anglais dans le texte (NdT).

plus difficile à faire dans une salle de méditation ou lors d'un séminaire dans un hôtel.

Une retraite dans la nature devrait durer plusieurs jours, avec la possibilité de dormir sur place dans une hutte, un chalet dans la nature ou une tente dans la forêt ou une prairie en accord avec les propriétaires. Elle favorise l'expérience de plusieurs façons. L'environnement n'est pas habituel et, loin de la civilisation, il nous conduit dans un monde où les règles ne sont pas les mêmes. Nous sommes coupés de certaines commodités : il n'y a pas d'électricité, pas de chauffe-eau électrique, pas de chaudière à gaz, pas de télévision et pas de chauffage que nous pouvons allumer à notre guise. Nous devons nous organiser et travailler ensemble. Il faut couper du bois ou aller le chercher dans la forêt afin de faire du feu pour se réchauffer pendant la nuit et faire chauffer de l'eau la journée. On doit cueillir de la nourriture et la faire cuire. Il y a beaucoup à faire pour organiser les tâches de la journée et tout le monde s'entraide. Cette entraide est peut-être simple parce que vous vous trouvez loin de la ville et que vous avez peu de moyens pour survivre. Celui qui s'implique peut en tirer un profit certain. Saviez-vous que le simple fait de couper du bois libère le *flow*, c'est-à-dire le lâcher-prise, ce qui fait qu'on ne fait plus qu'un avec ce qu'on fait. Pour profiter d'une retraite psychique et physique, voire spirituelle, il est demandé d'avoir un esprit de groupe, ce qui renforce les relations entre les gens. Il ne s'agit pas d'une leçon de morale ou d'un cours magistral, mais simplement de conseils et d'inspiration pour effectuer une retraite dans la nature avec d'autres. Gardez cela en tête quand vous lirez les conseils qui suivent. Il ne s'agit pas non plus de faire de cette retraite un entraînement de survie. Il s'agit simplement de passer un moment agréable auquel les enfants peuvent participer, et non un entraînement à l'extérieur dans lequel on chante des chansons. J'imagine plutôt l'idée de se fondre à la nature harmonieusement.

Proposition d'organisation et de mise en œuvre d'une retraite dans la nature

DÉTERMINER LA TAILLE DU GROUPE, LE MOMENT ET LA DURÉE

Déterminez la taille du groupe. Voulez-vous passer du temps dans la nature et sa force curative avec des amis proches ou bien voulez-vous former un groupe plus grand ? Les retraites dans la nature peuvent même être annoncées publiquement, afin que des personnes que vous ne connaissez pas puissent s'inscrire pour y participer. Comme la plupart des retraites se passent dans des cercles privés, je vais donc parler de vos cercles d'amis. Déterminez combien de temps vous voulez rester dans la nature et décidez d'une date. Le printemps et l'été sont les meilleurs moments pour cela. Mais certaines retraites peuvent se dérouler en automne ou en hiver ; la nature est belle à toutes les saisons. L'hiver aussi peut nous ensorceler. La biophilie fait de l'effet toute l'année, de janvier à décembre, de jour comme de nuit.

PARTIR EN EXPLORATION

Formez une sorte d'équipe d'éclaireurs, une équipe de chercheurs. Cette équipe a pour tâche de trouver un endroit idéal. Décidez avec vos amis quels doivent être les avantages du lieu. Vous pouvez vous aider des chapitres précédents du livre, dans lesquels il est question des éléments curatifs des paysages et de leurs effets sur l'inconscient de l'homme. Ou bien vous ferez confiance à votre intuition, votre biophilie intérieure. Doit-il y avoir une petite maison ou une cabane, un ensemble de petites cabanes ? Voulez-vous plutôt camper à la belle étoile ? L'un n'empêche pas l'autre ; une partie du groupe peut dormir à l'intérieur tandis que les « fous » peuvent dormir dehors. Si vous pouvez avoir accès à de l'eau propre, c'est encore mieux. On peut méditer au bord d'un lac ou d'une rivière et l'eau est agréable pour se baigner. N'oubliez pas que nos fonctions cérébrales archaïques adorent l'eau et se mettent automatiquement sur le mode détente. Avec l'eau, vous aurez accès à des ressources vitales et à la paix.

Faites attention à ce que cet endroit soit vraiment coupé de tout et pas aux abords d'un village. Les régions forestières étendues, les prairies, la montagne ou le bord de mer ont des espaces propices à une retraite perdue en pleine nature. Malheureusement, il n'existe aucun lieu en Europe qui donne le sentiment d'être loin de toute civilisation.

Votre lieu de retraite a besoin d'un endroit pour faire du feu. S'il n'existe pas d'endroit dédié, n'oubliez pas de demander la permission au propriétaire. L'endroit devrait être organisé selon des zones clairement délimitées, dans lesquelles les participants pourront se retirer et aménager des espaces séparés qui posséderont chacun leurs propres fonctions. Le mieux est de trouver un endroit qui a plein de zones à découvrir. Plus il y aura d'éléments différents dans le paysage, mieux ce sera. C'est là que l'on pourra aborder tous les aspects de la nature qui conviennent le mieux à l'homme.

Faites attention à ce que l'endroit soit tout de même accessible en voiture en cas d'urgence. Ayez une voiture de secours garée près d'une route forestière ou sur un chemin de terre. Trouvez une voiture de type 4x4 que vous pourrez conduire à travers la boue et la vase.

Chercher un lieu approprié est une expérience incroyable. Lorsqu'on a trouvé un endroit qui se prête à une retraite, on peut imaginer comment l'arranger pour quelque temps et se construire une habitation temporaire. Le seul fait de partir en éclaireur pour trouver un lieu dans la nature nous fait du bien. Au final, le groupe devra se décider pour un endroit qui entre en résonance avec le plus grand nombre. Il faudra parvenir à un consensus si tous les membres du groupe ne sont pas d'accord. La plupart du temps, il y a un endroit qui est magique et si particulier que tout le monde pourra se mettre d'accord.

FIXER LES RÈGLES DE BASE

Fixez des règles communes pendant la retraite : le téléphone portable doit être complètement éteint ou rester à la maison, excepté le téléphone d'urgence. Ne plus être constamment joignable est un point essentiel de l'expérience. Certains groupes décident que l'alcool et bien sûr les autres drogues sont interdits. Il est même souvent interdit de fumer.

Doit-on consommer de la viande lors d'une retraite ou manger végétarien ou végétalien ? L'absence de nourriture industrielle fait-elle partie de l'expérience ? Je trouve que les chips, ainsi que les boissons gazeuses et les boîtes de conserve n'ont pas leur place dans une retraire dans la nature. Moins vous emporterez avec vous d'industrie et de civilisation, plus vous prendrez de distance avec le stress du quotidien.

À PROPOS DU PROGRAMME, DES THÈMES ET DU CONTENU

Voulez-vous également en profiter pour transmettre des connaissances, par exemple, récolter des plantes sauvages comestibles dans la forêt et les prairies ? La nature offre de nombreuses possibilités pour se nourrir. Selon les saisons, nous avons à notre disposition des fruits, des baies, des noix, des légumineuses, des feuilles, des fleurs, des graines, des champignons, des mousses et des racines que vous pourrez transformer au-dessus du feu en nombreux plats savoureux. Peut-être pouvez-vous engager un expert, s'il n'y en a pas déjà un dans le groupe, qui fera une randonnée pour ramasser des plantes avec le groupe. Vous pouvez trouver ce genre de personne sur Internet. Vous pouvez également organiser un atelier dans lequel les participants apprennent aux autres ce qu'ils savent faire, ou vous pouvez inviter des experts. Tout ce qui peut enrichir une expérience en nature est possible : un atelier de musique, de la méditation, de la poésie, raconter des histoires, des techniques de relaxation, etc. Ne laissez pas une atmosphère solennelle s'installer. L'essentiel est d'expérimenter ensemble la nature.

CONSEIL : INTÉGRER LE FAIT D'APPRENDRE SUR SOI EN GROUPE

Les retraites se combinent avec des expériences personnelles. Vous pouvez très bien passer deux heures par jour ou même une journée complète sous la guidance d'un thérapeute. S'il y a quelqu'un dans le groupe qui a une formation de thérapeute et qui peut conduire ces séances, c'est encore mieux. Mais vous pouvez également engager un thérapeute professionnel.

Il faudra tout de même un thème. La nature est un lieu idéal pour travailler sur des questions existentielles. Rien n'est plus en rapport avec notre existence d'homme que la nature à laquelle nous appartenons. La thérapeute et pédagogue autrichienne Andrea Maria Hirzer, de l'institut de psychosomatique et des thérapies comportementalistes, a proposé ce thème pour une retraite dans la nature : « Ma place dans ce monde en tant qu'humain[1] ». Ce thème permet

1. Communication verbale. Un grand merci pour votre inspiration, Madame Andrea Maria Hirzer, de l'institut de psychosomatique et des thérapies comportementalistes à Graz, en Autriche.

de réfléchir au sens de la vie professionnelle et personnelle. Qu'est-ce que je veux vraiment ? Qu'est-ce qui est important pour moi ? Qu'est-ce qui donne du sens à ma vie ? Il n'y a pas de meilleures conditions pour réfléchir à cela que lorsqu'on est dans la nature et qu'on se trouve loin de la société. Si vous décidez d'engager un thérapeute professionnel, faites attention à choisir quelqu'un qui est certifié. Le marché du développement personnel est en plein essor et est rempli de personnes qui ont été mal formées ou qui ne sont pas sérieuses. Les médiateurs et les superviseurs sont compétents lors des conflits et savent servir d'intermédiaires entre deux parties ou dans un groupe. Mais ils ne sont pas toujours adaptés pour accompagner des gens lors de leur processus de découverte d'eux-mêmes. C'est une tâche peu évidente qui demande du savoir-faire, de la technique et de l'expérience afin de protéger les participants de sentiments négatifs néfastes. Les thérapeutes font des études pendant des années pour développer ces compétences.

D'une manière générale, toute la retraite peut se faire sur un thème particulier. Décidez de cela au préalable et organisez-le.

MISE EN PLACE DE L'ESPACE POUR LA RETRAITE

La préparation de l'espace devrait être faite par une partie du groupe avant de commencer. Cela peut se faire très en avance. J'ai entendu dire que certaines retraites ont préparé leur poste plus d'un mois avant. Cela arrive surtout quand le groupe a décidé de s'approvisionner seul avec de la nourriture sans acheter aucun aliment. Alors, la cueillette de plantes sauvages n'est probablement pas suffisante. Plantez un jardin qui donne au bon moment des récoltes qui seront riches. Cette retraite deviendra autosuffisante, ce qui renforcera le sentiment de pouvoir disposer de soi-même, d'être indépendant de la civilisation et de l'industrie.

Cette idée sera seulement possible si vous en discutez au préalable avec les propriétaires qui seront souvent une famille de paysans. Le groupe des jardiniers ira au printemps retourner la terre et planter. Si vous avez décidé de faire votre retraite au mois d'août, plantez des espèces qui sont mûres au mois d'août, par exemple : des haricots nains, des haricots verts, des potirons, du maïs, des tomates, des poivrons, des baies des Andes, des tomates vertes, des betteraves, des épinards, des légumes racines comme les carottes, les pommes de terre nouvelles, ou une sorte de patate douce qui pousse plus tôt dans l'année.

Celui qui se décide à faire cet effort se sentira récompensé par un sentiment gratifiant d'autonomie et de communion à la nature. Le fait de cultiver votre jardin vous procurera du plaisir à l'idée de récolter ensemble. Lorsque vous récolterez, vous penserez avec plaisir au moment où vous avez tout planté. Bien sûr, le potager n'est pas obligé d'être grand puisque vous allez l'utiliser pendant un temps limité. Mais il faudra des volontaires qui viendront régulièrement s'en occuper au préalable dès lors que vous ne pouvez pas demander à quelqu'un de la région de venir s'en occuper. Avec l'aide des propriétaires, vous trouverez sûrement un endroit avec de la terre nourrissante et suffisamment de lumière. Ou bien trouvez une clairière pour planter un jardin dans les bois. Vous allez aimer cette expérience !

Sinon, on peut également demander à un fermier de préparer un coin de terre pour que vous puissiez le cultiver ou, contre paiement, de vous laisser récolter ce qu'il a planté.

La variante la plus simple serait de faire des courses au marché ou dans un magasin biologique et de les compléter par une cueillette sauvage. Mais faire ses courses dans un supermarché ou un magasin à bas prix ne convient pas, selon moi, à une retraite dans la nature.

Si vous n'avez pas choisi de dormir dans une cabane, plantez vos tentes. Un tipi ou une yourte peut servir de tente commune. Les participants apportent leur tente individuelle pour y dormir. Trouvez un endroit pour la « cuisine ». Déposez les casseroles, les ustensiles de cuisine sous un toit en toile. Dans cette cuisine en plein air, vous allez couper des légumes, mélanger les ingrédients, casser des noix, nettoyer des champignons, éplucher des pommes de terre, etc.

Vous pouvez également construire un four en argile avant le séjour ou tous ensemble au début du séjour, si votre besoin de vivre la biophilie est très fort.

Travailler de ses mains est une bonne expérience de groupe. Nos ancêtres construisaient déjà des fours en argile très simples. Il existe de nombreux mode d'emploi sur Internet et dans des librairies. Vous pouvez également combiner sa construction avec un *workshop*[1].

Construisez des abris avec le bois que vous avez ramassé dans la forêt et colmatez-les avec de la mousse et des écorces. Ces abris peuvent servir en cas de pluie. Vous pouvez également étendre des bâches imperméables entre des arbres, mais cela enlève le côté naturel et ne se fond pas très bien dans un paysage naturel.

N'oubliez pas un endroit pour les enfants. Ils sont très créatifs et vont trouver leurs jouets et leurs outils pour s'amuser ou utiliser la scène de la nature pour inventer des jeux de rôle. Ils n'ont donc pas vraiment besoin d'une aire de jeux, mais seulement de savoir qu'ils ont un espace qui leur est destiné. Il doit toujours y avoir quelqu'un pour veiller sur eux et le mieux est que chaque parent soit responsable de son propre enfant. Il ne devrait pas y avoir de séparation entre les générations. Les jeunes et les vieux doivent vivre

1. Atelier.

ensemble. Nous, les adultes, pouvons tirer des leçons de la manière dont les enfants se comportent et bougent dans la nature. L'effet de la biophilie est très imprégné chez eux parce qu'ils ont souvent un rapport à la nature et une vision du monde qui ne sont pas autant formaté que ceux des adultes. La façon remplie d'imagination avec laquelle les enfants abordent la nature va inspirer les adultes lors de cette retraite. Apprenons de nos enfants pour qui la nature est magique et pleine de mystères et non de ce que les biologistes et les mathématiciens ont prétendument compris et mis sous équations. Les enfants voient la nature d'une façon tellement ludique qu'ils inviteront les elfes et les nains, peu importe qu'ils soient réels ou non. Si les enfants sont là, ils le seront aussi.

J'ai mentionné de nombreuses fois le feu. Concevez-le de telle sorte que tous les participants puissent se mettre autour le soir. Depuis des millions d'années, l'espèce humaine a un rapport particulier avec le feu qui a joué un rôle dans notre évolution. Il est triste que l'homme moderne ait oublié le rapport qu'il a avec le feu, mais la fascination de l'homme pour les veillées autour d'un feu existe toujours et peut être redécouverte. Les flammes dansantes dans la nuit fascinent, elles donnent des ailes à l'imagination et aux pensées. Les thérapeutes et les pédagogues racontent que le feu ouvre naturellement la porte de l'âme. Lorsque les gens sont assis ensemble autour d'un feu, ils se sentent proches, baissent la garde et parlent plus facilement d'eux-mêmes que d'habitude. Ils font connaissance d'une autre façon, sont plus sincères, plus ouverts et portent moins de masques. Ce comportement peut s'expliquer d'un point de vue de l'évolution, car c'était le lieu de rencontres entre les hommes pendant très longtemps. Une retraite dans la nature ne peut avoir lieu sans un endroit pour faire un feu. Accordez-lui beaucoup d'attention lorsque vous le préparez.

N'oubliez pas de régler les questions d'hygiène, notamment le problème des « toilettes ». L'idéal serait d'avoir une hutte ou un W-C à compost. Mais ce n'est pas forcément évident. Trouvez des endroits éloignés dans des buissons ou des sous-bois, creusez des trous profonds dans le sol et mettez ensuite des planches autour. Prévoyez de la sciure de bois à disposition. Demandez aux participants de n'utiliser que ces toilettes et de recouvrir leur « commission » avec de la sciure. Demandez aux participants de n'y jeter aucun produit d'hygiène. Le papier toilette doit être jeté dans un saut avec couvercle. Si vous vous tenez à ces règles, vous respecterez l'écosystème. À la fin de la retraite, recouvrez les trous avec les mêmes matériaux qu'on peut trouver aux alentours. En forêt, recouvrez-les avec des feuilles mortes, des aiguilles de pin ou des petites branches et dans d'autres endroits, avec de l'herbe ou des mottes qui peuvent prendre racine.

N'oubliez pas de prendre soin de votre corps quotidiennement. Vous devez renoncer au savon, aux crèmes, aux lotions et aux cosmétiques dans la nature. C'est une expérience bien particulière que de se laver dans une rivière ou un lac propre. C'est écologiquement inoffensif. Souvent. En renonçant au savon et aux cosmétiques, la baignade sera totalement écologique. Pour vous brosser les dents, utilisez du dentifrice biologique aux herbes ou à la terre médicinale que vous trouverez dans des magasins biologiques. Personne ne pourra vous reprocher de contaminer la nature.

Les règles de conduite doivent être clairement communiquées au préalable. Si vous planifiez une retraite plus longue, ce qui est plutôt rare, constituez une petite équipe qui sera là pour veiller à ce qu'on obéisse aux règles.

C'EST PARTI !

Tous les préparatifs ont été faits, l'endroit est prêt. Je vous recommande de commencer la retraite un vendredi soir après une semaine de travail. Le contraste entre la civilisation moderne et la nature n'en sera que plus évident, ce qui motivera les participants à s'impliquer et à comprendre les avantages de cette retraite tout de suite. Ne donnez pas d'heure de rendez-vous fixe, mais plutôt une fourchette si vous ne venez pas tous ensemble. Certains de vos amis voudront peut-être venir à pied et vous remercieront de ne pas avoir fixé d'horaire. Faites en sorte que tout le monde arrive après la tombée de la nuit afin de rendre l'accueil chaleureux et de souligner le rythme de la nature. L'entrée vers l'espace commun sera illuminée par des torches. Un feu sera allumé, avec une bouilloire accrochée au-dessus par un trois-pied en métal. Vous saluerez les arrivants par une ambiance chaleureuse. L'arrivée au crépuscule ne fonctionnera pas si les participants apportent leur habitat, car la plupart des gens n'aiment pas ouvrir leur tente la nuit. Vous pouvez également passer la première nuit à la belle étoile si le temps le permet, mais vous devrez alors organiser des tours de garde pour qu'il y ait toujours quelqu'un pour veiller sur le feu et sur tout le monde.

Si vous avez fait beaucoup d'efforts pour organiser l'espace de la retraite, vous pouvez également distribuer des cartes où seront inscrits les espaces de la retraite : la cuisine, les W-C, l'accès à l'eau, l'emplacement du feu et la place commune, tipi ou hutte, l'espace des enfants, le jardin, etc. Organisez la soirée au coin du feu selon votre envie.

Certains groupes conviennent de se retrouver au lever du soleil tous les matins pour commencer la journée par une méditation autour du feu. De façon générale, cela peut être une bonne expérience que de vivre sans montre et de ne s'orienter qu'à l'aide du Soleil comme nos ancêtres. Cela renforcera notre perception du temps et nous permettra d'avoir plus conscience du cycle du soleil. La « ponctualité » n'existe pas bien sûr et cela peut faire du bien à ceux qui sont stressés et qui courent d'un rendez-vous à un autre. Tout le monde peut, par exemple, se retrouver pour déjeuner lorsque le soleil se trouve au zénith et le soir pour faire de la musique et raconter des histoires lorsque le soleil se couche.

Il convient d'explorer le terrain avec tout le monde dès le premier matin et de se familiariser avec le paysage. On a besoin de dresser une carte dans notre tête lorsqu'on est dans un endroit inconnu. Cela nous donne un sentiment de sécurité et nous permet de nous détendre. Peut-être y aura-t-il quelqu'un parmi vous qui connaîtra le nom des plantes et qui aura envie d'en parler.

Organisez un emploi du temps régulier avec un petit déjeuner, un déjeuner et un dîner commun. Répartissez-vous les tâches ménagères, comme le service de cuisine, s'occuper du feu, couper du bois, etc. La retraite donnera suffisamment de temps à tout le monde pour se détendre dans la nature, trouver l'inspiration et réfléchir seul et du temps en groupe pour faire des ateliers.

ASTUCE : LE BÂTON DE PAROLE

Les soirées sont propices à réfléchir à la journée qui vient de se terminer. Vous pouvez déterminer des règles et des rites entre vous comme le font encore de nombreux peuples qui vivent en harmonie avec la nature lorsque vous discuterez et échangerez en groupe. Vous pourrez, par exemple, vous mettre en cercle autour du feu et vous passer un bâton de parole. Un simple bâton peut faire l'affaire ou même une racine que vous aurez trouvée dans la forêt ou un joli bâton décoré et peint. Le bâton de parole a une longue tradition dans les communautés du nord et du sud de l'Amérique. Seul celui qui a le bâton dans la main parle. Pour donner la parole à quelqu'un d'autre, il faut lui passer le bâton. Celui qui n'a pas envie de parler peut passer le bâton à quelqu'un d'autre. Vous pouvez renforcer cette cérémonie en ajoutant un geste de respect lorsque vous passez et recevez le bâton. Ainsi, vous créerez une atmosphère de respect, dans laquelle tout ce que dit celui qui tient le bâton a de la valeur et personne n'a le droit de l'interrompre. Nommez un maître de cérémonie qui veille à ce que le temps de parole entre tous soit équitable. Vous pourrez échanger vos expériences et discuter des idées et des projets pour le lendemain. Les conflits peuvent être plus facilement résolus à l'aide du bâton de parole, car il permet de créer un cadre de respect entre tous.

Si vous trouvez que cette atmosphère de discussion cérémonieuse est étrange, essayez tout de même de le faire. Peut-être que dans la forêt ce rituel vous conviendra tout à fait.

J'ai déjà évoqué le fait qu'une retraite dans la nature peut se dérouler sous un thème comme « Ma place en tant qu'être humain dans le monde ». Vous pouvez trouver ensemble un thème qui vous convient mieux. Par exemple, il pourra s'agir de l'amour-propre. La discussion en cercle autour du feu avec le bâton de parole sera entièrement consacrée à ce thème. Comment est-ce que la façon dont je me perçois change avec ce séjour dans la nature ? Quels sont les symboles de l'amour-propre et de l'acceptation de soi que je rencontre dans la nature ? Quelle est la valeur de l'expérience en groupe sur mon amour-propre ? Comment vais-je à ma rencontre et à celle des autres ? Ces réflexions pourront avoir lieu tous les jours pendant la retraite et mener tout naturellement à un échange entre les participants sur la bienveillance. Tout le monde pourra échanger à propos des émotions, des expériences et se soutenir mutuellement dans le processus d'autoacceptation et d'amour-propre.

Voici d'autres thèmes : « Moi et mon corps », « Qu'est-ce qui me fait peur, qu'est-ce qui me donne de l'assurance ? »,

« Mon rôle de père ou mon rôle de mère », « En qui est-ce que je peux avoir confiance ? », « Vivre et mourir », « Comment est-ce que je gère ma maladie ? », « Comment puiser un courage nouveau dans la nature ? »

Les retraites dans la nature peuvent être un instrument très puissant pour des groupes d'entraide.

Si vous travaillez dans le domaine du social, de la pédagogie ou dans celui de la santé, n'oubliez pas que la nature peut être une grande expérience pour vos patients, clients, élèves.

Le sexe et la terre : la nature, cette sexologue

« Éros a ébranlé mon âme comme le vent dans la montagne
Quand il s'abat sur les chênes. »
Sappho de Lesbos, poétesse de l'Antiquité grecque,
VIe siècle avant notre ère

Jusqu'à présent, dans ce livre, il a été question de la nature, du naturel, de la santé et du corps humain. Cela va sans dire que la sexualité a également un lien avec nature, et pas seulement à cause des abeilles et des bourdons qui volent d'une fleur à une autre. Il n'est plus à démontrer qu'il existe un rapport entre notre corps, notre sexualité et notre santé.

La biophilie prend ici un double sens. « *Philia* » signifie amour, et « *bios* », la vie, la nature. Il ne s'agit pas ici seulement de l'amour de la nature, mais également de l'amour dans la nature.

Un homme et une femme qui m'ont été recommandés par une thérapeute familiale m'ont raconté comment ils ont sauvé leur vie intime grâce à la nature.

Sonja et Jonathan et leur espace secret dans la nature

« *Il n'y avait plus de feu dans notre couple* », me raconte Sonja avec un sourire en faisant un clin d'œil à Jonathan[1]. Sonja a 28 ans et Jonathan, 31. Ils sont ensemble depuis dix ans. « *Nous avons eu nos enfants, Aurélia et Noah, assez tôt, ils ont 5 et 7 ans* », ajoute Jonathan. C'est lorsque Noah, le plus âgé, est né que les choses ont changé pour eux : « *Nous étions tout à coup attachés à la maison. Nous ne pouvions plus partir spontanément tous les deux en vacances comme avant. Comme tous les parents, nous avons dû faire des concessions, mais nous avons été récompensés par des enfants.* » Sonja a arrêté ses études qu'elle a reprises depuis. Elle étudie la littérature et veut devenir lectrice pour un éditeur. Elle écrit des nouvelles qui ont été publiées dans des recueils avec d'autres écrivains. Sonja va chercher les enfants à l'école et à la maternelle l'après-midi et se dévoue entièrement à son rôle de mère. « *Étudier alors que je me consacre à mes enfants est fatigant, mais je ne veux pas arrêter. La plupart du temps, je m'endors, épuisée, le soir. Pour Jonathan, c'est pareil. Il me soutient à la maison et fait également de temps en temps la cuisine. Son métier lui prend*

1. Les noms ont été changés.

pas mal de temps, il travaille dans un laboratoire médical comme chef de projet et a souvent des heures supplémentaires. » « *Nous sommes très fatigués à la fin de la journée* », dit Jonathan.

Ils m'ont raconté comment leur quotidien s'est mis petit à petit en place. Ils sont devenus de plus en plus partenaires et de moins en moins un couple afin de pouvoir gérer la vie de famille, la maison, les études et les rentrées d'argent. Puis, Jonathan a dû prendre une décision professionnelle qui lui a pesé.

« *Nous n'avions même plus le temps de nous détendre et d'avoir la tête libre. Même nos sorties au restaurant se sont arrêtées. Nous avions de moins en moins de temps à deux. Nous nous faisions des câlins le soir, mais nous nous endormions épuisés, au bout de quelques minutes. Nous n'avions plus d'énergie pour nous rencontrer intimement. Notre sexualité s'est endormie dans tous les sens du terme* », ajoute Jonathan.

« *Nous nous étions habitués l'un à l'autre après toutes ces années ensemble,* me dit Sonja, *et nous n'avions plus d'œil pour ce qu'il y avait de particulier chez l'autre. C'est triste, mais je pense que beaucoup de couples vivent cela. D'une certaine façon, tout devient ordinaire et on se connaît par cœur. Il en va de même sur le plan physique.* »

Jonathan : « *Oui, je crois que ça n'était pas tant le fait du travail et de la fatigue. Tout était devenu ordinaire et évident. Et cela détruit la passion. Je suis quelqu'un qui a besoin de nouveaux stimuli, de quelque chose d'inhabituel que je pourrais découvrir. Je trouvais que Sonja était toujours une femme magnifique, mais après toutes ces années, c'est comme si j'avais goûté jusqu'au bout sa beauté, est-ce que tu comprends ? Je sais que ça peut sembler égoïste, mais c'est comme ça que ça me semblait. Je l'aimais toujours et ne voulais pas me trouver une nouvelle femme. Puis, je me suis dit que c'était normal, que l'amour pour une partenaire change de niveau après toutes ces années et que la passion diminue. C'est comme ça que je me le suis expliqué.* »

« *Il est certain que les hormones diminuent avec le temps,* répond Sonja. *Et si on vit toujours ensemble, alors on sait qu'on s'aime vraiment, alors ce ne sont pas les hormones qui entrent en ligne de compte, mais on sait qu'on s'est vraiment décidé l'un pour l'autre. Je ne veux pas nier ce niveau qui existe entre nous. Il n'a rien à voir avec le sexe.* »

Jonathan : « *Oui, je suis d'accord. Je croyais tout d'abord que c'était normal que la passion diminue, que l'on doive vivre avec, qu'on l'échange contre une union plus profonde. Mais on sait entre-temps que l'un n'exclut pas l'autre.* »

Le stress du travail, des études et de la famille n'étaient pas les seules causes. « *Une thérapeute familiale nous a beaucoup aidés à l'époque,* raconte Sonja, *elle nous a conseillé de nous retrouver régulièrement tous les deux dans la nature.* » J'étais abasourdi, la solution était aussi simple que ça ? On pouvait sûrement lire l'étonnement sur mon visage, car Jonathan a réagi tout de suite et a dit : « *Oui, c'est ce qu'elle nous a conseillé. C'est vrai. Mais il s'agissait également d'autres choses que le sexe. On a pu, grâce à la forêt, retrouver la passion dans notre couple. Je suis reconnaissant pour le conseil de la thérapeute.* »

Je leur demandai de me raconter comment elle en était venue à leur donner ce conseil et de me raconter comment la forêt les avait aidés, concrètement, à réanimer leur relation. Sonja répondit, pleine d'enthousiasme : « *Un week-end, ma mère s'était occupé des enfants, nous avions quitté la ville pour faire du vélo dans la campagne. Nous roulions sur des petits chemins au milieu des champs. C'était très agréable et nous nous réjouissions de la nature. Nous avons posé nos vélos à l'orée de la forêt et l'avons pénétrée à pied. Au début, c'était une promenade normale. La forêt est assez éloignée et on ne rencontre jamais personne. Les chemins sont souvent recouverts. La forêt était comme une cachette géante. Nous sommes arrivés à un endroit où la forêt était particulièrement dense et sauvage. Nous avons enlevé nos chaussures et avons continué pieds nus. Le sol était mou et doux, il y avait des feuilles et des tapis de mousse le long du sentier.* »

Ils m'ont raconté que tout à coup, ce n'était plus une simple promenade. La sensation des pieds nus sur le sol avait éveillé leurs sens. « *Tout à coup, je ne pensais qu'au fait que je trouvais Sonja belle et que je voulais la toucher. Mais j'ai attendu un peu* », me dit Jonathan.

« *Cette forêt était idyllique et magique* » : tous deux étaient d'accord là-dessus. Jonathan a ajouté : « *Normalement, je ne suis jamais pieds nus, mais ce jour-là, je me sentais très bien. J'essayais de sentir le sol sous mes pieds nus, comme notre thérapeute nous avait conseillé de le faire. Puis, nous nous sommes tus et nous nous sommes concentrés sur la sensation de nos pieds nus en contact sur le sol. C'était si relaxant que j'ai oublié tout le stress du quotidien. Et au tournant d'après, nous nous sommes enfoncés encore plus dans les bosquets. Il n'y avait que des bosquets autour de nous et au-dessus de nous. Des noisetiers, des jeunes charmes, des petits pins, des bouleaux et d'autres. Nous avons atteint un endroit un peu dégagé où poussait un hêtre. Il était un peu courbé et n'était pas devenu grand à cause de l'ombre. Il nous semblait pourtant majestueux. L'endroit était magnifique et nous avons écouté pendant quelques minutes les oiseaux qui chantaient dans les arbres.* »

Sonja ne se sentait pas observée. « *J'ai étendu une couverture et nous nous sommes assis sous le hêtre. Les buissons nous offraient énormément d'intimité et pourtant nous étions dehors, à l'air libre ! Je n'ai pas hésité une seconde et j'ai enlevé mon tee-shirt et je me suis allongée avec mon dos nu contre le tronc de l'arbre. Je bougeais lentement pour sentir l'écorce rugueuse de l'arbre contre ma peau. C'était très agréable, presque comme un massage. J'ai pris plaisir à sentir l'arbre. Jonathan était un peu plus coincé que moi au début.* »

« *Oui,* répondit Jonathan, *au début, j'ai touché l'arbre avec mes mains et je me retournais sans cesse pour voir si quelqu'un nous observait, ce qui était en fait impossible à travers les buissons. C'est peut-être étrange, mais pour moi, c'était nouveau de toucher un arbre de façon aussi consciente. Notre thérapeute nous avait conseillé de nous trouver un arbre et de le percevoir avec tous nos sens. J'ai donc senti l'écorce. Cela faisait du bien à mon nez. L'arbre sentait la mousse et le bois. Puis, j'ai enlevé ma chemise. J'espère que ce n'est pas ridicule ce que je vais dire, mais j'ai embrassé l'arbre et je l'ai senti avec tout mon buste. C'était une expérience intense et inhabituelle. La glace était brisée !* »

« *Je me suis levée,* continua Sonja, *Jonathan m'a laissé de la place. Je me suis mise le dos contre le tronc de l'arbre et Jonathan s'est approché et a mis ses bras autour de moi et de l'arbre. Le tronc n'était pas très épais. C'était très intense d'être touchée à la fois par l'arbre et par lui. Je sentais la peau de Jonathan contre moi à l'avant et l'écorce de l'arbre contre mon dos entier. Je regardais la cime de l'arbre et me sentais unie à cette force de la nature. Je pouvais apercevoir un peu du ciel à travers les feuilles. Je me laissais complètement aller. Je sentais l'odeur de la forêt et le chant des oiseaux. Ce jour-là, il ne s'est rien passé d'autre que ça, nous nous sommes touché mutuellement et laissé toucher par l'arbre. Nous n'avions jamais fait ce genre de choses et je me demande aujourd'hui pourquoi, en fait.* »

Sonja et Jonathan m'ont parlé de ce sentiment d'être relié à l'arbre et à cette cachette dans la forêt qui ne les a plus lâchés. Une fois rentré, ils ont parlé de leur expérience : « *Puis, le soir, nous nous sommes couchés et nous avons imaginé avant de nous endormir que nous étions de nouveau là-bas, sous l'arbre. Nous avons imaginé nous déshabiller et nous coller l'un à l'autre debout, sur la mousse et contre l'écorce de l'arbre. Nous voulions à tout prix y retourner.* »

Ils sont retournés à leur cachette le week-end suivant. « *Cette fois-ci, nous nous sommes mis tout nus. Nous savions que personne ne pouvait nous voir et que nous ne gênions personne,* se souvient Sonja. *Nous nous sommes massé mutuellement et nous avons essayé de rester la peau en contact avec la nature. Chaque caresse était beaucoup plus intense que d'habitude ! Le moment où nous avons totalement lâché prise et avons suivi l'impulsion de nos corps a été incroyable ! Je n'avais jamais vécu cela !* »

Leur expérience dans la nature les a aidés à retrouver de plus en plus de passion l'un pour l'autre. Pourtant, il ne s'agissait pas seulement de se rencontrer sexuellement dans la forêt. « *Souvent, il n'est rien arrivé,* dit Jonathan. *Mais nous avons commencé à regarder nos corps d'une autre façon. La nature nous a aidés à trouver du nouveau dans notre vie amoureuse, ce qui nous manquait. Nous retournons régulièrement dans cet endroit au printemps, en été et en automne. Mais cet endroit doit rester spécial, alors nous n'exagérons pas. Nous l'avons de toute façon intériorisé.* »

« *Nous imaginons souvent à la maison que nous sommes là-bas, dans notre cachette. Nous intégrons cet aspect à notre chambre à coucher. Nous allons sûrement nous trouver d'autres endroits inspirants pour avoir plus de possibilités. Mais nous ne voulons plus laisser de côté le contact physique avec la nature. Elle fait partie de notre relation, elle est devenue un rite pour nous.* »

Je leur demandai de m'expliquer les mécanismes qui avaient fait que la nature leur permette de retrouver une sexualité.

Sonja : « *Nos corps se sentent différents dans la nature. Ils sont, d'une certaine façon, plus activés et plus sensibles parce qu'il y a beaucoup d'impressions sensorielles. Nous avons alors l'impression de faire partie de la nature. De plus, nous avons appris à nous regarder avec d'autres yeux. Un corps nu contre un arbre n'est pas comme un corps habituel, il a fusionné à la nature. Il est très beau et très excitant.* »

Jonathan : « *J'ai commencé à avoir plus de respect pour le corps de Sonja. J'ai compris qu'il était une facette du miracle de la nature. Oui, un miracle, tout comme notre arbre ! J'ai commencé à y voir plus de détails, et à prendre en compte son corps et ses formes de façon plus intensive.* »

« *Pour moi aussi, c'était pareil,* répondit Sonja. *C'est comme ça que les défauts des corps disparaissent. On voit son propre corps et celui de son partenaire différemment. J'ai appris à apprécier le naturel et à aimer mon propre corps et celui de Jonathan comme ils sont.* »

Ils étaient tous les deux d'accord sur ce fait : dans la nature, ils ont pu se laisser aller à une sexualité sans retenue et sans pensées dérangeantes. Elle leur a permis de se libérer. « *Nous n'étions pas seulement plus détendus, mais entourés de sexualité. Toute la nature se construit dessus,* continua Sonja. *La sexualité est naturelle et normale dans la forêt. C'est la force de base de la nature qui rend la vie possible. Nous pouvions nous connecter plus facilement à notre propre part sauvage dans la nature parce qu'elle y règne là-bas. Même si certaines personnes vont peut-être nous juger pour ce qu'on a fait, nos rencontres dans la nature n'ont rien de sale et de repoussant. Au contraire : elles sont pleines de respect et sont intenses comme jamais. Il faut l'avoir vécu une fois dans sa vie. C'est quelque chose de très beau que de sentir la personne qu'on aime tout contre soi et en même temps de sentir sur sa peau la nature et puis de regarder la cime des arbres pendant que notre corps frémit. C'est... magique !* » Et Jonathan a ajouté en acquiesçant : « *Tout est beaucoup plus intense, tout !* »

Ce qui est intéressant, c'est que Sonja et Jonathan ont évoqué les mêmes qualités de la nature que celles qui sont importantes pour la guérison psychique et physique. C'est à nouveau le fait de se sentir loin de tout, le *being-away* et la fascination de la nature qui a enrichi leur vie sexuelle.

La détente et l'influence de l'effet anti-stress de la nature ont également joué un rôle.

Being-away

Dans le domaine de la sexualité, la nature agit également sur le fait de se sentir loin des obligations, du ménage et du travail, loin des pensées qui prennent une place importante dans notre quotidien. Elle crée un nouveau mode dans lequel deux personnes se rencontrent ainsi qu'une autre ambiance avec de nouvelles impressions pour nos sens. Sonja et Jonathan ont parlé de cet aspect lorsqu'ils ont raconté que les nouvelles impressions ont apporté du neuf dans leur vie amoureuse.

La sexologue Doris Christinger écrit : « *Nos sens aussi sont importants. Ils sont directement en contact avec notre corps et la raison pour laquelle nous sommes sur Terre et jouent donc un rôle dans la libération de notre énergie sexuelle*[1]. »

Être loin veut donc dire s'éloigner des influences de la société et des diktats de beauté physique. J'y reviendrai. En tout cas, être loin a quelque chose à voir avec le renouveau : créer un nouveau cadre.

Aventure

La nature offre de l'aventure. Le fait de se promener dans les endroits reculés de la forêt a dû être excitant

1. Doris Christinger, *Auf den Schwingen weiblicher Sexualität – Eine Liebesschule für Frauen*, Éditions Piper, Munich, 2013, p. 10.

pour Sonja et Jonathan. Chercher une cachette dans la forêt a quelque chose d'intact, de primitif et d'aventureux. Comme ce n'est pas quelque chose que l'ont fait habituellement, cela souligne sa particularité. Cela ne procure pas seulement des frissons, mais c'est quelque chose de nouveau. Trouver une cachette, comme le faisaient nos ancêtres, pour faire l'amour, n'existe pas à la maison dans la chambre à coucher. Peut-être est-ce parce qu'il n'y a plus cet aspect excitant que la passion meurt dans de nombreux couples après quelque temps ?

Respecter le corps

La nature incarne la signification de la diversité. Elle nous montre que la diversité est quelque chose de précieux en lien avec l'esthétique. Notre civilisation est totalement et culturellement imprégnée par l'idée qu'elle se fait du « beau » corps. Les corps des hommes, tels qu'ils sont réellement, sont peu représentés dans la société. Même les poils corporels, qui sont pourtant naturels, sont vus comme un défaut. Celui qui se laisse influencer par les médias ou la publicité et se compare aux corps qui ont été retouchés par les ordinateurs sera sûrement déçu. De plus en plus de gens n'aiment pas leur corps et il y a plus de troubles de l'alimentation et de dysmorphophobie corporelle qu'avant.

De plus, la sexualité devient de plus en plus synonyme de consommation et de performance. Souvent, rencontrer vraiment quelqu'un n'est pas important ; ce qui compte avant tout est le physique et le mécanique.

La nature n'a pas d'idéal de beauté, pas de corps retravaillé par Photoshop. Elle n'essaye pas de faire de l'argent avec la sexualité comme le font les médias et la publicité. Pour la nature, la sexualité et le corps font partie du concept de la vie. Sonja et Jonathan ont tout compris lorsqu'ils ont dit qu'ils avaient développé plus de respect pour le corps de leur partenaire, qu'ils se trouvaient plus beaux et que leurs prétendus défauts n'existaient plus. Dans la nature, c'est la diversité et la multiplicité des formes qui rendent un paysage attirant. Cet attrait a aussi un rapport avec l'éloignement des influences de la société et se trouve totalement à l'opposé du corset rigide de l'idéal de beauté.

Dans la nature, un corps nu et vivant entouré de la multiplicité de la vie sera considéré surtout pour son individualité et sa singularité. Il participe à l'idée du renouveau de notre ressenti esthétique.

La dimension profonde de la sexualité

Sonja a décrit comment, dans la forêt, elle s'est sentie entourée par la sexualité, parce qu'elle est une force de base de la nature qui lui a permis d'approfondir sa propre sexualité. Ça aussi, c'est du renouvellement.

C'est en observant attentivement la nature que nous apprenons la signification réelle de la sexualité. Il ne s'agit pas de consommer un corps, ce n'est pas un acte purement physique. La nature est traversée par quelque chose que j'aimerais qualifier de « force créatrice éternelle ». Je ne veux pas dire par là que c'est quelque chose de religieux. Il est évident qu'il existe un principe de vie, une force de vie en action. Cette affirmation est tout à fait scientifique.

Erich Fromm, philosophe et psychanalyste qui a inventé le concept de « biophilie », a écrit : « *La vie a son propre principe dynamique interne qui veut grandir, s'exprimer et vivre*[1]. »

Dans la nature, la force de vie des êtres vivants, ce besoin d'être en vie est perceptible partout. C'est cela que j'appelle la « force de vie créatrice ». Le maintien de l'espèce se fait aussi grâce à l'accouplement. Sans descendance, il n'y a pas de vie. C'est pour cela que le besoin de la vie comprend également le besoin de s'unir sexuellement à un partenaire. Dans la nature, cela se fait continuellement et partout. Les champignons envoient des cellules reproductrices qui cherchent d'autres cellules reproductrices pour fusionner. Les plantes offrent aux insectes leur pollen et ceux-ci pollinisent les autres plantes. Les animaux s'accouplent et s'occupent de leur progéniture. Chez certaines espèces d'oiseaux, le mâle et la femelle sont fidèles toute leur vie. Les algues se multiplient en divisant leurs cellules. Les plantes constituent des stolons qui donnent naissance à de nouvelles plantes, qui sont comme des clones de la plante mère. La nature pousse et pénètre la terre dans tous les coins avec de la descendance. Cette force de vie créatrice est transmise d'une génération à une autre et nous n'avons pas besoin d'être religieux pour reconnaître l'action de cette force de vie.

Si nous nous immergeons dans cet univers vivant, dont nous sommes issus, alors nous pouvons rapidement

1. Cité dans Dolores La Chapelle, *Heilige Erde, Heiliger Sex – Ritual und das wirkliche heilige Land,* Éditions Neue Erde, Sarrebruck 2011, p. 69.

reconnaître que cette force a un effet également sur nous. Nous aspirons à un partenaire, à l'amour et à la proximité, à du contact physique, et pas seulement pour satisfaire les besoins fondamentaux qui nous maintiennent en vie.

Percevoir la sexualité comme quelque chose qui fait partie de la force créatrice de la nature en nous et en tout être vivant est totalement à l'opposé de la façon dont la société s'occupe de la sexualité. L'ambiance de la nature, en nous faisant retourner à la source de la sexualité, nous aide à comprendre la force créatrice de la nature qui est en nous et que Sonja et Jonathan ont trouvée vivante.

Détente

À cela s'ajoute le fait que la nature, dans la mesure où nous nous trouvons dans un endroit protégé, nous aide à nous détendre et à diminuer notre stress. J'ai décrit ce processus dans les chapitres précédents. Notre cerveau archaïque nous connecte à un endroit protégé dans la nature où nous nous sentons en sécurité et où, dans ce mode de détente, nous n'apercevons pas de danger. Nous pouvons lâcher prise et retrouver la tranquillité. Que la détente et la réduction du stress jouent sur la qualité de la vie sexuelle est évident.

Il existe bien sûr des alternatives au lieu d'amour secret, et en particulier une solution élégante pour les amoureux des jardins. Dans la mesure où un couple possède un jardin suffisamment grand, pourquoi ne pas aménager un endroit pour passer de temps à autre des moments à deux sans être dérangés ?

Un « nid d'amour » dans son propre jardin

Si vous êtes ouvert à ce genre de choses, construisez-vous un petit abri, un nid d'amour. Rien que le fait de chercher l'endroit et d'en planifier sa construction est très inspirant et peut apporter beaucoup de bonheur à vous et votre partenaire. Installez-y un âtre, ou si vous n'en avez pas la permission, un brasier. Placez votre abri à côté du feu afin que la lumière des flammes brille jusqu'à votre cachette. La peau est très belle lorsqu'elle est éclairée par un feu. Les contours et les formes de vos corps en seront soulignés.

Construisez votre abri en bois, en argile, en paille ou dans un matériau naturel. Vous pouvez utiliser de l'osier. La construction doit avoir l'apparence d'un igloo ou avoir un toit penché pour que la neige ne casse pas le toit en hiver. Laissez pousser des plantes sur les parois extérieures : des rosiers grimpants, des baies ou du lierre. Si vos murs sont en osier et ne sont pas opaques, bouchez les trous avec de l'argile et de la paille. Votre abri doit être complètement protégé des regards pour que vous puissiez vous y détendre.

L'ouverture de l'abri doit être en direction du feu pour que la lumière des flammes atteigne l'intérieur. Faites attention à ce que personne dans la rue ou vos voisins ne puisse voir à l'intérieur. Vous pouvez mettre une clôture en bambous ou en paille dans le chemin pour le camoufler et installer des plantes, telles que des roses grimpantes ou des baies. Protégez l'endroit de la pluie. Couvrez le sol avec un film imperméable et ajoutez de la paille. Couvrez le tout avec une couverture en coton ou en peaux. Changez la paille de temps en temps.

Lorsque votre cachette est prête, vous pourrez commencer à y passer du temps avec votre partenaire. Comme votre cachette sera comme une petite grotte qui vous protégera des regards extérieurs, ce n'est pas un problème si vous voulez y être nus. Ce sera votre espace naturel personnel dédié à la détente, aux massages, à la méditation et aux caresses sensuelles. Le feu donnera une atmosphère particulière et vous fera vous sentir bien. Vous pourrez également utiliser votre abri en été et y dormir à la belle étoile, ou rester devant le feu toute la nuit, un verre de vin à la main.

Si vous avez de la place, vous pourrez planter une yourte ou un tipi que vous trouverez dans des magasins spécialisés. Internet est également rempli de tutoriels pour apprendre à en construire. Il existe aussi des yourtes et des tipis plus grands avec un espace au milieu pour le feu, et, dans ce cas-là, le toit une ouverture au centre par lequel la fumée peut s'échapper.

Ne quittez jamais l'endroit, que ce soit une tente ou une cachette construite, sans avoir fait en sorte que le feu soit éteint.

Cet abri apportera du piment à votre relation et sera un enrichissement pour votre couple. La sexualité se passe sur plusieurs niveaux ; elle n'est pas seulement un acte physique, mais est en lien avec le fait de se laisser aller et d'avoir confiance. Rien de tel qu'un endroit particulier dans votre jardin pour l'expérimenter.

Le « canapé vert »

De nombreux scientifiques du monde entier ont démontré que passer du temps dans la nature améliore les problèmes psychologiques. La nature serait une co-psychothérapeute. D'un côté, elle procure un espace pour la thérapie, de groupe ou individuelle, de l'autre, elle nous soutient grâce aux influences positives qu'elle a sur notre psyché.

Le fait de séjourner régulièrement dans la nature permet de diminuer les symptômes suivants :

- les crises d'angoisse et de panique ;
- la dépression ;
- le *burn-out* et le stress chronique ;
- les états de confusion ;
- la fatigue chronique ;
- les crises dans le couple, les crises du sens de la vie ;
- les crises professionnelles, le manque de perspective ;
- les troubles d'adaptation (lorsque quelqu'un fait une crise parce qu'il ne peut s'adapter à une nouvelle situation ou ne se sent pas bien après un choc ou un coup du destin. Ces troubles n'ont rien à voir avec les troubles d'adaptation à la société, à une culture ou à des exigences économiques).

Lorsque j'ai fait des recherches pour ce livre, j'ai rencontré Jasmin, une jeune designeuse de mode qui souffrait de crises d'angoisse et qui avait décidé, suite à de violents accès, de se laisser soigner dans une clinique psychiatrique. Tout comme le présentateur de télévision Wolfram Pirchner que j'ai déjà mentionné, la nature l'a beaucoup aidée. Ses explications stupéfiantes confirment une nouvelle fois qu'il s'agit toujours de mécanismes similaires qui nous soignent.

« *Lorsque je suis arrivée dans ma chambre à la clinique psychiatrique, j'étais une épave émotionnelle,* m'a raconté Jasmin. *J'avais tellement peur et je faisais crise sur crise. Au bout de trois jours, j'étais suffisamment stable pour arriver à m'aventurer dehors. J'avais quartier libre pendant une journée. La nature m'avait déjà aidée, alors j'ai décidé de prendre le métro pour aller dans une réserve naturelle pas loin. Le métro ne venait pas, mais mon angoisse oui. J'étais totalement dépassée par la situation.* »

Jasmin s'est sentie prise au dépourvu par la masse des gens. Puis, lorsqu'il y a eu une panne technique, c'en était trop. Elle a dû marcher pendant deux stations.

« *Mon chemin m'a conduite à travers un parc et ma peur a grandi. J'avais peur d'une rechute et de faire une crise d'angoisse. J'ai quitté le chemin et j'ai marché sur la pelouse. J'ai fait attention à marcher en pleine conscience et à sentir mes pieds sur le gazon. Je regardais la cime des arbres et j'essayais d'oublier l'agitation autour de moi. Je répétais intérieurement : "Je fais partie de la nature, je fais partie du monde."* »

Jasmin s'est concentrée sur la beauté des arbres. Elle réussit à traverser le parc jusqu'à la station de métro où la ligne circulait à nouveau.

« *J'avais à nouveau du courage, car le fait d'avoir vu les arbres et la terre m'avait aidée. J'ai pu aller dans la réserve naturelle sans crise d'angoisse. Mais ma crainte de faire une rechute n'avait pas complètement disparu. Je fis une randonnée de six heures à travers la forêt et les prairies, en partie pieds nus pour sentir l'herbe, la terre, les feuilles et me concentrer sur cette perception. J'ai ressenti la beauté des plantes autour de moi et intériorisé à nouveau cette phrase : "Je fais partie de la nature." À la fin de la promenade, je me sentais plus stable et en sécurité.* »

Jasmin reprit le métro pour retourner à la clinique. Elle était plus sereine et se sentait libérée de sa peur. Elle raconta à sa psychiatre ce qui lui était arrivé. Cette dernière fut très contente, car Jasmin s'était approprié une stratégie de maîtrise de ses crises d'angoisse.

À dater de ce jour, son état s'améliora. Jasmin alla tous les jours dans le jardin de la clinique ou dans la nature proche et put quitter rapidement l'hôpital. Dès qu'elle sentait qu'une crise d'angoisse allait venir, elle trouvait un parc ou un morceau de nature verte, enlevait ses chaussures et ses chaussettes et se livrait à son rituel contre les démons de l'angoisse dans sa tête.

« *Ce qui m'aide le plus, c'est de sentir consciemment l'herbe sous la plante de mes pieds. Cela m'ancre. Le sol sous mes pieds ne tangue plus. On dit bien : garder les pieds sur terre. Cela me protège des crises d'angoisse.* »

Il arrivait parfois que Jasmin ne perçoive pas le monde autour d'elle de façon réelle. Et là encore, la nature était une grande aide et lui procurait un ancrage et un contact avec le monde vivant. « *Lorsque je me sens comme faisant partie de la nature, alors le monde et moi, nous ne sommes plus irréels.* »

Guérison spontanée sur les bords d'une rivière

J'ai rencontré Johannes[1] dans le cabinet d'une psychothérapeute. Il était en train de se remettre d'une dépression nerveuse que certains psychothérapeutes nomment *burn-out*. Johannes m'a parlé de son expérience dans la nature, qu'il a désignée comme étant une guérison spontanée psychique.

Johannes était musicien et travaillait en tant que professeur de musique dans une école. Son travail lui donnait du plaisir, mais son rêve était de ne vivre que de son art. Il faisait tous les jours du piano et de la guitare en plus de son travail et avait son propre site internet sur lequel il proposait ses services en tant que musicien. Il était engagé le soir jusque tard dans la nuit pour des petits contrats, avec des cachets de 100 ou 150 euros dans des caves enfumées, des pubs et parfois des bars à la mode en ville. Et le lendemain, Johannes devait aller à l'école pour enseigner. Il travaillait à sa carrière de musicien, écrivait ses propres chansons et enregistrait des bandes démo. Puis, son producteur voulut sortir son disque. Johannes dut payer de sa poche pour l'enregistrement en studio, mais il obtint une avance de la maison de disques. L'album ne put se vendre malgré la pub et les promos, et la maison de disques demanda à Johannes de lui rendre son avance. Financièrement dans la difficulté, Johannes finit par perdre ses forces et son courage. Il voyait son rêve s'effondrer et sa concentration se réduisit. Il parvint tout d'abord, avec beaucoup de mal, à aller à l'école, mais

1. Le nom a été changé.

il n'arrivait plus à se faire respecter par ses élèves. Son cours perdit en qualité et la directrice le convoqua. Puis vint la dépression. Le *burn-out* s'accompagne très souvent d'un phénomène de perception que l'on appelle la « déréalisation ». C'est une sorte de syndrome de l'altération de la perception. Le cerveau est surmené et se met en mode urgence. Dans notre passé archaïque, cela signifiait que nous devions fuir un danger pour ne pas être mangés par un prédateur. Johannes se sentait agité intérieurement et le monde extérieur lui paraissait irréel. S'il avait vécu à l'âge de pierre, ce qu'il ressentait aurait eu un sens. Lorsqu'on va être dévoré par des bêtes, c'est sûrement très pratique de percevoir le monde de manière irréelle. Il n'y avait pourtant aucun danger pour Johannes. Malgré cela, il sentait que son existence était menacée et que ses forces psychiques disparaissaient. Les symptômes de la déréalisation prirent des formes parfois insupportables. Johannes me raconta : « *Tout était comme dans un rêve, comme dans du coton. Lorsque je marchais dans la ville, les maisons n'étaient pas en trois dimensions, j'avais l'impression d'être dans un décor. Les façades des maisons étaient en carton recyclé. Tout était en deux dimensions.* » Les gens non plus n'étaient pas réels et pire encore, lui non plus.

« *Je croyais que je n'existais pas. J'avais l'impression d'être un robot. C'était comme si ce n'était pas moi qui levais mon bras. Je me sentais comme une coquille vide, qui marchait téléguidée dans la vie. Je pensais que je n'existais pas. La déréalisation est un état psychique affreux.* »

Le médecin mit Johannes en arrêt maladie et lui prescrivit une thérapie remboursée par la Sécurité sociale. Mais après trois semaines, son état ne s'était pas amélioré.

« Je faisais seulement en sorte de supporter ce sentiment d'irréalité et de ne pas devenir fou. Je ne supportais plus rien. Je n'avais pas dormi réellement depuis des nuits. Alors, je suis allé voir un vieil ami à la campagne qui habitait dans une ferme. J'avais besoin de compagnie et de nature. Cela ne pouvait qu'aller mieux. »

Le premier jour, Johannes se promena le long de la rivière qui traversait le village. « *Je remontai le courant, longeai des champs et des prairies et j'arrivai à une petite forêt en bordure de rivière. Je le sus immédiatement : je voulais passer du temps ici. C'était encore le matin et j'ai envoyé un* SMS *à mon ami pour lui dire où j'étais. Il y avait juste assez de réseau pour le message. Je me sentais en sécurité. J'ai sorti ma guitare.* »

Johannes a enlevé ses chaussures et ses chaussettes et a marché dans l'eau claire et fraîche de la rivière. « *Le fond était agréable. J'aimais sentir l'eau couler contre mes jambes. Je me dirigeai vers une grosse pierre au milieu de la rivière. Il y avait une petite cascade. Je m'assis sur la pierre et commençai à jouer de la guitare. Le murmure de l'eau m'apaisait et je me suis concentré sur ma musique. Je ne sais pas combien de temps je suis resté là à jouer.* »

L'état de Johannes s'est amélioré près de l'eau. Plus tard, il s'est même baigné, puis s'est assis dans le sable doux.

« La plage de sable me rappelait l'océan. Je me concentrai sur la sensation du sable sous mes pieds, creusai avec mes doigts de pied dans le sol et je dessinai des formes et motifs avec mes mains. Je regardai les nuages dans le ciel. Le temps

passait et il y avait tellement de différentes sensations que je ne pouvais pas m'ennuyer. La nature n'était pas irréelle, contrairement à ce que j'avais perçu de mon entourage ces dernières semaines. Puis, il est arrivé quelque chose d'incroyable : je me suis allongé sur le dos sans aucune attente. Cela faisait des semaines que je n'avais pas réellement dormi. Toutes les nuits, je n'arrivais pas à dormir et si je finissais par m'assoupir, je me réveillais au bout de quelques minutes à nouveau. Je faisais de nombreuses crises d'angoisse qui m'empêchaient de dormir. J'avais des cernes et même si j'étais lessivé, je n'arrivais pas à dormir. Sur les bords de la rivière, j'écoutai le chant des oiseaux. Puis, la dernière chose dont je me souviens, c'est que j'ai pensé à mon ami. Cela faisait des heures que j'étais parti, est-ce qu'il allait se faire du souci ? Puis, je m'assoupis. »

Lorsque la nuit commença à tomber, Johannes dormait toujours profondément le long de la rivière et de son murmure apaisant. Il fut réveillé doucement de son sommeil. « *Mon ami était arrivé pour venir me chercher. Lorsque je me suis réveillé, je n'arrivais pas à croire que j'avais dormi aussi longtemps. C'était le sommeil le plus réparateur que j'avais jamais eu. Lorsque mon ami m'a aidé à me relever, je ne me sentais plus du tout faible.* »

Johannes a attendu que cet état de déréalisation revienne. Mais il ne revint pas. « *J'étais de nouveau bien réveillé. Je me sentais moi-même. Quand on est arrivés chez lui, rien n'était irréel, ni mon ami, ni sa famille, ni la maison. Cette nuit-là, j'ai dormi comme un bébé et le lendemain je me suis senti comme neuf. J'ai pris part à la vie sociale lors du petit déjeuner, ce qui avait été impossible jusqu'alors. Je restais encore quelques jours à la campagne et j'allais tous les jours le long de la rivière pour renforcer le lien avec la nature. Je jouais de la guitare et j'écoutais le bruit de l'eau. Le dernier jour, j'ai écrit un poème en l'honneur de la nature qui m'avait invité. Je lis ce poème à chaque fois que je me sens abattu. Cela m'aide à repenser à ces jours agréables et me remonte. Lorsque je suis retourné en ville, j'ai fait beaucoup de progrès dans ma thérapie. Le sentiment d'irréalité n'est plus jamais revenu. Mon état dépressif a diminué. Je vais pouvoir reprendre bientôt mon travail. Mais je ferai dorénavant les choses différemment, je ne me mettrai plus autant la pression.* »

J'ai demandé à Johannes de me dire ce qui, selon lui, avait fait que la nature l'avait aidé à quitter son état de déréalisation. Qu'est-ce qui avait déclenché sa guérison spontanée ? Voici son explication : « *Toutes les sensations ont détourné mon attention. Je pouvais sentir la nature, l'eau, les pierres, les plantes et le sable, et écouter le bruit de l'eau qui coule. Je comprends maintenant que ce sentiment d'irréalité était entretenu par moi. C'était la réaction à un surmenage à une situation sociale et professionnelle que je percevais comme menaçante. J'avais constamment peur d'être dans cet état et le déclenchais constamment. Mon cerveau réagissait à la peur en libérant constamment ce sentiment d'irréalité. Aller dans la nature m'a permis de lâcher prise et de captiver mon attention d'une façon naturelle. J'ai pu sortir de ce cercle vicieux. Le long de la rivière, je me sentais protégé et accueilli. J'ai pu ainsi me détendre intérieurement. Toute la rivière était rassurante, il n'y avait aucune menace. Cela m'a permis de lâcher prise avec mon état de peur. La nature m'a servi d'espace, pour faire ce que j'aimais : de la musique, créer, réfléchir et écrire un poème. Elle m'a aidé à remplir mon cerveau avec un nouveau contenu. Mes problèmes sociaux et professionnels sont passés en arrière-plan, j'étais très loin d'eux.* »

L'effet de la biophilie chez soi

J'ai déjà longuement décrit qu'il a été prouvé scientifiquement que rien que le fait d'avoir une chambre qui a une vue sur la nature ou d'avoir une plante dans sa chambre améliore la guérison après des opérations, réduit le taux de stress, apporte la détente, la joie et réduit la frustration au travail. Les scientifiques se sont rendu compte que le seul fait de montrer des vidéos et des photos de la nature ou de jouer des bandes-son d'enregistrements de bruits naturels est quasiment aussi bon pour notre mental que de passer du temps dans la nature. Vous ne pourrez jamais remplacer l'original, mais si vous êtes malade, que vous devez garder le lit et que vous ne pouvez pas aller vous promener dehors dans la nature, alors je vous conseille de laisser entrer l'effet de la biophilie chez vous. N'oubliez pas qu'il n'existe pas seulement des dessins, des vidéos, des bandes sonores, mais aussi votre imagination.

Vous pouvez faire du training autogène, dont vous avez déjà lu le mode d'emploi dans ce livre, et le combiner avec un voyage imaginaire ou avec des bruits d'oiseaux ou encore de la musique de méditation. Vous pouvez également utiliser la puissance du calme. Votre imaginaire vous conduit dans votre endroit préféré en forêt ou dans un endroit fictif. Arrivé là-bas, laissez-vous guider par les impulsions de votre inconscient. Vous pouvez faire tout ce que vous voulez dans cet endroit. Les événements fictifs semblent souvent très réels.

Vous pouvez y rencontrer votre animal totem symbolique. Les animaux de pouvoir sont les animaux qui viennent du monde archaïque et ils sont présents chez les chamans et les guérisseurs depuis des siècles. Les peuples d'Amérique du Nord sont connus pour leurs animaux totems. Ces animaux représentent des aspects de la nature ou des forces créatrices. Les ancêtres également peuvent se manifester à travers des animaux symboliques. Mais avant tout, les totems représentent les caractéristiques des personnes qu'ils accompagnent. Ils donnent des conseils et viennent nous voir lors de la transe ou de la méditation. Ces êtres n'existent-ils que dans l'imagination ? Le débat est ouvert. De toute façon, cette question ne change en rien la symbolique des animaux totems. Qui, à part notre inconscient, est capable de nous apporter de la sagesse et des vérités sur nous-mêmes ?

Rencontre avec votre animal totem symbolique

PRENDRE PLACE

Trouvez à la maison un endroit calme. Mettez de la musique de méditation ou bien savourez le calme. Si vous vous êtes décidé à mettre de la musique, alors choisissez une musique contemplative et atmosphérique, comme un rythme simple et monotone de tambour ou de tambourin. Ne choisissez rien d'agité ni d'entraînant. Si les oiseaux donnent un concert devant votre fenêtre, ouvrez-la. Leur chant est un bon accompagnement.

Allongez-vous sur le dos sur un support doux, les jambes confortablement étendues et les bras lâches le long de votre corps. Trouvez une position agréable qui ne vous donne pas de crampes. N'utilisez pas de coussin, si possible, pour que votre cou et votre nuque puissent bien se détendre, et c'est parti.

ATTEINDRE L'ÉTAT MÉDITATIF

Fermez les yeux. Soyez attentif à votre respiration. Portez tout d'abord votre attention sur votre nez et remarquez comment l'air entre et sort à chaque mouvement respiratoire. Ralentissez votre respiration et sentez comme votre poitrine et votre ventre bougent à chaque respiration. Restez dans cet état un instant.

Puis, dites intérieurement les phrases que vous connaissez du training autogène : « Mon bras droit est lourd. » Répétez la phrase à des intervalles réguliers. Répétez la même chose avec l'autre bras et les jambes. Remarquez comment vos bras s'alourdissent sur le support sur lequel vous êtes allongé. Si des pensées dérangeantes apparaissent, imaginez qu'elles sont des nuages et remarquez comment elles s'envolent et s'éloignent. On continue.

COMMENCER LE VOYAGE IMAGINAIRE

Imaginez une fleur, seulement une fleur. Imaginez de plus en plus de détails de cette fleur. Quelle est la couleur de la fleur ? Quelles sont les formes de ses feuilles ? Est-ce que la fleur a une odeur ?

Suivez sa tige de vos yeux intérieurs lentement vers le bas. Quels types de feuilles y a-t-il ? Où prend-elle racine ? Lorsque vous êtes arrivé avec votre regard sur le sol, vous pouvez regarder autour de vous. À quoi ressemble l'endroit où pousse la fleur ? Laissez apparaître lentement l'entourage de la fleur. Quels sont les éléments du paysage ? Le paysage se déploie petit à petit devant l'écran intérieur de vos yeux.

Vous voyez qu'un animal arrive vers vous. Vous réalisez qu'il est venu exprès pour vous et qu'il vous veut du bien. Remarquez les détails. Quelle est sa couleur ? Sa robe est-elle colorée ? Comment bouge-t-il ?

L'animal est maintenant tout près et vous le voyez précisément. Saluez-le de la façon dont vous voulez. Faites-lui savoir que vous vous réjouissez de le voir.

Demandez-lui la raison de son apparition ainsi que son message. Vous pouvez aussi lui demander directement : « Quelles sont mes forces ? »

Suivez l'impulsion de votre imagination. Si un thème vous préoccupe tout particulièrement, abordez le sujet. Interagissez avec l'animal aussi spontanément que possible. Vous pouvez le toucher et vous laisser toucher par lui.

Remerciez l'animal au bout d'un certain temps et dites-lui au revoir.

Retournez à votre plante. Remontez la tige vers le haut jusqu'à la fleur. Inspirez profondément et bougez lentement vos bras. Revenez à vous et au moment présent. Vous êtes libre de vous redresser tout de suite ou de rester allongé un instant.

RÉFLÉCHIR À CE QUI VIENT DE SE PASSER

Rappelez à votre mémoire les différents éléments, faits et symboles de votre rencontre avec l'animal. Interprétez les phénomènes qui vous semblent importants. Vous seul pouvez comprendre et décoder les messages de votre inconscient. Ne vous adressez pas à des conseillers et ne consultez pas des livres en magasin qui sont remplis de significations générales. Les significations sont propres à chaque être. Même dans les thérapies analytiques telles que la Katathym-imaginative, il est de règle que seul le patient peut interpréter ses images. Les thérapeutes les accompagnent, mais ne disent rien quant à la signification des symboles.

Vous pouvez dessiner les animaux et les ambiances pour les garder ainsi en mémoire. En les dessinant, vous intérioriserez encore plus ce que vous avez vécu. Vous pouvez même modeler votre totem dans de l'argile si vous le désirez.

Ton jardin, ton guérisseur

À propos de la force curative des jardins

« Les jardiniers du paradis plantent des arbres de joie,
Des buissons d'amitiés, des fruits du rire et des légumes de la danse. »
Alfred Selacher, artiste et philosophe suisse

Lorsqu'il s'agit d'hommes et de leur amour pour la nature, on ne doit pas oublier les jardins. Nos jardins font partie de nos environnements directs, de nos maisons. Pour Ruediger Dahlke, son jardin à Bali est son « salon vert ». Nous pouvons utiliser les jardins comme lieux de vie communs. Dans les cliniques et les hôpitaux, les jardins servent à la guérison des patients. Les jardins apportent la guérison jusque devant notre porte. Ils s'adaptent à nos besoins physiques et psychiques, ils nous procurent de la nourriture écologique et locale. Les jardins sont des lieux multifonctionnels que nous pouvons utiliser pour soutenir la guérison de certaines maladies psychiques et physiques, pour nous maintenir en bonne santé et nous prémunir contre les maladies, pour donner aux enfants une vie proche de la nature. Dans certaines maisons de retraite, les vieilles personnes peuvent mourir dans un jardin de façon respectueuse, entourées de vie.

Les jardins : sources d'inspiration, de joie et de santé

C'était l'hiver profond lorsque j'ai écrit ce chapitre. Par la fenêtre de mon bureau, j'avais vue sur un jardin enneigé et le ciel bleu. La neige brillait sous le soleil. Des plantes pointaient leurs feuilles à travers le manteau neigeux. Contrairement aux autres jardins, la récolte s'y fait tout l'hiver, car je plante des légumes qui résistent aux températures hivernales. Mon jardin me fournit toute l'année en vitamines, nutriments et délices naturels : des plantes comme le pak choï, le chou frisé, le céleri, le tatsoi, la salade mizuma, le Garnet Giant, le pourpier d'hiver, le romarin et pleins d'autres plantes qui peuvent pousser malgré les basses températures.

Tous les jours, à l'heure du déjeuner, je faisais une pause dans l'écriture de mon livre et je descendais pour récolter les feuilles vertes juteuses, les tiges croquantes des racines ou des plantes aromatiques qui poussaient dans la neige. Parfois, elles étaient gelées, mais elles étaient toujours en vie. Je remarquais que le jardin me faisait du bien. Même les jours où le temps était maussade, mon jardin était là pour me remonter le moral. Je pouvais combattre toute dépression hivernale. Ma motivation pour écrire ce livre augmentait à nouveau à chaque fois que j'avais travaillé dans mon jardin. Le contact avec la nature m'inspirait à écrire à nouveau sur la nature. J'arrivais également à mieux me concentrer et je pouvais écrire plus facilement. Mon jardin hivernal était une vraie mine d'inspiration et un enrichissement pour mon bien-être et ma performance physique.

Les plantes de neige sont avant tout des plantes exotiques asiatiques, mais également des plantes qui existent depuis longtemps en Europe, mais qui sont tombées dans l'oubli. Pendant leur récolte, on se sent comme au printemps alors qu'on est en plein hiver, au mois de janvier. Leur vision me rappelait le moment où je les avais plantées par un jour ensoleillé d'automne. Puis, je me réjouissais en pensant au printemps qui allait venir. Je le voyais fleurir et s'épanouir, pousser et croître, se réveiller à la vie. J'étais rempli de respect pour ces plantes qui arrivaient à pousser malgré le froid. Parfois, lorsqu'il faisait très froid, la gelée faisait comme un dépôt lourd sur les feuilles et les emprisonnait. Et le lendemain, elles étaient de nouveau vertes et dressées, comme si de rien n'était. Ces plantes étaient tellement pleines de vie que leur énergie était contagieuse. J'étais fasciné et je me sentais bien.

Jardiner en ces journées ensoleillées d'hiver me donnait suffisamment de soleil et me permettait de sécréter de la sérotonine, hormone qui nous manque souvent en hiver.

Une carence en sérotonine est souvent responsable de la dépression hivernale et ceux qui en souffrent pratiquent la luminothérapie pour se soigner et stimuler la sécrétion de la sérotonine. Mais dans mon jardin, je ne sécrétais pas seulement de la sérotonine, mais également de la vitamine D. Notre corps produit de la vitamine D tout seul lorsque notre peau est en contact avec le soleil. En hiver, il nous manque cette vitamine essentielle au bon fonctionnement de notre système immunitaire, de nos os, de nos muscles et de notre peau et les médecins prescrivent souvent de la vitamine D contre les problèmes immunitaires à cette saison.

Mon jardin hivernal m'offrait donc quelques outils qui aident à nous maintenir en forme : fascination, réduction du stress, rétablissement de la concentration, sérotonine et vitamine D. Je suis sûr que je respirais des substances bénéfiques libérées par les plantes hivernales et les conifères. Les conifères sont, comme je l'ai déjà dit au début de ce livre, une source de terpènes anticancérigènes. Ils en sécrètent peut-être moins en hiver, mais ils n'arrêtent pas leur activité, comme les feuillus. Je reviendrai sur ce point dans ce chapitre.

L'ethnobotaniste et l'écrivain Wolf-Dieter Storl m'a raconté, au cours d'une de nos discussions, une expérience similaire. Pour lui également, son jardin est source d'inspiration et de créativité pour son activité d'écrivain. Il m'a parlé de « *la méditation du travail* » dans laquelle il se plonge, pas seulement lorsqu'il est dans son jardin, mais également lorsqu'il est à son bureau et qu'il a une vue sur la végétation luxuriante de son jardin. Nous étions devant sa maison en montagne et nous étions plongés dans le brouillard alors que Wolf-Dieter Storl me guidait à travers son jardin. Il m'a raconté qu'il avait suivi un apprentissage pour devenir jardinier biologique. Sa passion pour les jardins et pour le fait de cultiver sa propre nourriture l'avait accompagné pendant des décennies. Je lui ai demandé quels étaient pour lui les avantages d'avoir son propre jardin. Il m'a répondu :

« *Avoir un jardin à soi est quelque chose de merveilleux. Pas seulement parce que je peux avoir à manger, mais également parce que je me connecte à l'origine. Je suis souvent pieds nus dans mon jardin, prends le soleil et fais une activité physique. Comme j'écris énormément et donne beaucoup de conférences, mon jardin est une très bonne compensation. Dans un jardin, nous observons le changement des saisons et sommes plongés dans le rythme naturel de la vie. Ça fait du bien à l'âme. On vit avec les saisons. C'est très varié. Je vois les plantes pousser, rien n'est statique. Dans un jardin, tout le monde reconnaît ce que "biologique" signifie : changement constant, croissance, métamorphose, point culminant, puis renouveau. La synergie de la terre et du ver de terre, des petits insectes, des plantes et des abeilles est comme une symphonie. Cela fait du bien psychologiquement et pas seulement physiquement.* »

Un membre de la coopérative de pommes de terre de Munich a décrit de la même manière les sentiments qui remontent en lui lorsqu'il travaille la terre. La coopérative de pommes de terre de Munich est un projet pour fournir des légumes biologiques aux foyers dans et autour de la ville de Munich. Les fermiers plantent de vieilles espèces dont les semences viennent de paysans et non des industries. Les foyers payent des cotisations annuelles pour financer le projet. Toute la récolte est ainsi distribuée entre eux et livrée en ville. Le concept porte un nom, celui d'« agriculture solidaire », également connue sous le nom de CSA (*Community Supported Agriculture*). J'y ai rencontré Christian Mackel, avec qui j'ai parlé entre des plants de tomates géants et une ambiance semblable à celle de la jungle.

« *J'ai fait des études d'agriculture écologique et je jardine depuis 1985, me raconta-t-il en voulant me parler à la fois de son métier et de sa passion pour le jardinage. Cela fait plus de vingt-cinq ans que je réfléchis à l'impact des jardins sur la santé psychique et le corps. Je considère que mon métier est bon pour la santé physique et corporelle. Aujourd'hui, par exemple, je récolte ici les tomates.* »

Il plongea ses mains dans le vert profond et cueillit une tomate rouge vif. Il la caressa. « *Pour moi, rien que la vue d'un fruit mûr est quelque chose de savoureux. Pour moi, c'est merveilleux de pouvoir travailler avec les plantes. Cela a quelque chose d'intuitif. On bouge son corps et le travail n'est pas monotone. Cela serait totalement autre chose si je travaillais dans la production industrielle des légumes, mais ce n'est pas le cas. Ici, le travail est très complet et j'utilise toute ma musculature. Parfois, je m'étire vers la cime de la plante, parfois je me penche vers ses racines lorsque poussent des fruits mûrs ou bien je suis face à elle pour en prendre soin. Le plant de tomate sent bon. À la fin de la journée, je ressens une fatigue agréable qui n'est pas pour moi négative.* »

Christian Mackel a de l'expérience en tant que jardinier pédagogue : « *J'ai travaillé pendant longtemps avec des gens qui avaient des handicaps et j'ai vu à quel point le jardinage leur a fait du bien psychiquement et physiquement. Je suis convaincu que le jardinage peut nous rendre heureux. Avoir son propre jardin est une bénédiction pour nous.* »

Puis, Christian Mackel a dit quelque chose que Wolf-Dieter Storl avait presque décrit de la même manière : «*Je vis mon lien de jardinier avec la nature de plusieurs façons différentes. D'une part, parce que je me trouve dans la nature et, d'autre part, parce que je suis exposé aux changements du temps. Je vis les heures de la journée et les saisons intimement. En tant que jardinier, je fais partie du cycle de la vie. Il est important de ressentir les plantes et la terre. Je sais intuitivement ou en mettant ma main sur le sol ce dont le sol a besoin, ou comment la plante se sent. Jardiner est une belle activité.* »

Des gens vivent chaque année ce que Wolf-Dieter Storl et Christian Mackel ont décrit. Avoir un jardin n'est pas seulement une tâche ardue, mais il apporte du bien-être, de l'amour et de la santé dans la vie. Lorsque vous avez un jardin, vous pouvez décider de vous-même quels arbres fruitiers ou buissons vous allez planter et quelles semences pour légumes et herbes vous allez vous procurer. Vous pouvez planter des espèces anciennes ou rares, récolter des semences pour l'année suivante et les planter pour donner des nouvelles générations de plantes riches.

Sa carrière contre un jardin : comment une femme a transformé sa vie

Lorsque je me suis mis à la recherche de personnes qui voulaient bien raconter ce qu'ils vivaient avec leur jardin pour en témoigner dans ce livre, j'ai rencontré, outre Wolf-Dieter Storl et Christian Mackel, Felicia Ruperti, en Grande-Bretagne. Elle habite dans l'ouest du pays de Galles. Elle est une primatologue anglaise et a passé beaucoup de temps après ses études à voyager. Elle a participé à des projets de recherche en Afrique en tant que scientifique, a observé les chimpanzés et les gorilles et était en passe de faire une carrière comme Jane Goodall. Mais elle a décidé de ne pas suivre ce chemin qui lui aurait apporté de l'argent et de la notoriété. L'amour de la nature l'a appelée à suivre un autre chemin, celui de vivre dans une vieille ferme en pierre dans le parc national de Pembrokeshire dans le pays de Galles de façon totalement autonome. Elle s'occupe, avec d'autres personnes, d'un grand jardin dont elle se nourrit quasiment exclusivement ; elle n'achète que très peu de choses en plus. Felicia Ruperti a échangé sa carrière contre un grand jardin et une vie proche de la nature. Nous nous sommes promenés dans une des plus anciennes forêts de chênes du pays de Galles et Felicia m'a raconté sa vie dans ce jardin. Les chênes étaient couverts de mousse et les elfes et les nains semblaient nous observer à travers des fougères.

« *Je vis depuis deux ans à la campagne. J'aime planter mes propres aliments dans le jardin et m'occuper de nos chèvres. La vie à la campagne me remplit de travaux qui font sens. Avant, j'étais primatologue. J'étudiais les singes. J'ai décidé d'arrêter parce que cela me demandait un style de vie que je n'arrivais plus à représenter. J'étais souvent dans des avions qui sont parmi les plus gros pollueurs au monde.* »

Nous sommes arrivés à une clairière et je regardai le ciel qui était sans nuages. Je ne voyais pas de traînées de condensation. Je l'avais déjà remarqué les autres jours. Felicia avait trouvé un endroit pour vivre où il n'y avait pas d'avions qui passaient dans le ciel. Elle avait définitivement rayé les avions de sa vie.

« *Pendant mes voyages d'études, je mangeais dans des conserves que nous devions stocker dans la forêt tropicale. Les gens là-bas font tous pousser de la nourriture et en vivent sans trop polluer.* » Felicia ne se sentait pas à sa place avec les provisions industrielles de l'équipe de scientifiques. « *Pour rejoindre les colonies des singes, nous avions besoin de guides pour ne pas nous perdre. Ces guides étaient des hommes des villages qui vivaient relativement indépendamment. Ils se nourrissaient complètement du sol jusqu'à ce que nous arrivions. Je me suis rendu compte que la civilisation occidentale d'où je venais avait créé tous ces problèmes sur la Terre. Ce n'était pas de la faute des hommes qui vivaient dans un pays où se trouvaient les singes. Alors, j'ai décidé de retourner à "ma civilisation" et de mener une vie proche de la nature. Je voulais montrer que c'était possible.* »

Felicia n'avait plus l'impression de faire quelque chose qui avait du sens en étudiant le comportement des singes. Aujourd'hui, elle ne mange plus de conserves. Elle voulait apprendre des gens qui vivent dans les villages africains plutôt que de leur demander de la guider ou de porter ses affaires dans la jungle.

« Beaucoup de gens pensent que la vie à la campagne est pour ceux qui sont moins intelligents et qui n'ont pas réussi à faire carrière. Mais c'est justement dans l'agriculture qu'il faut avoir beaucoup de connaissances pour bien planter son jardin et pouvoir récolter ses propres semences. Cultiver de nouvelles sortes de légumes dans son jardin est un art. Vivre de son propre jardin est tout un art qui demande beaucoup de savoirs et d'utiliser son cerveau. Il n'y a jamais de moment d'ennui dans notre jardin. »

Avant de vivre à la campagne, Felicia n'avait connu que la vie en ville. « *Avant, je croyais que l'hiver était déprimant en Grande-Bretagne. Mais maintenant, c'est différent, il y a tellement de choses à faire toute l'année. En hiver, on coupe du bois, on s'occupe des légumes d'hiver ou bien on prépare les sols avec du compost. Ma vie est plus saine. Je ne suis plus pâle comme avant, quand je vivais en ville. Je ne sais plus ce que c'est que la dépression hivernale. Auparavant, cela m'arrivait souvent et je faisais en sorte de fuir au soleil chez mes singes.* »

Puis, Felicia ajouta : « *Je crois que le comportement le plus naturel chez l'homme est de vivre proche de la nature et en harmonie avec la terre. Nous avons vécu de cette manière pendant toute notre évolution. Nous avons cueilli de la nourriture, plus tard nous l'avons plantée et nous avons passé du temps en groupe à cuisiner, à manger et à raconter des histoires autour du feu.* »

C'est grâce au jardin que nous pouvons revivre tous les aspects de la vie proches de la nature. Felicia avait bien évoqué les raisons pour lesquels les jardins nous font du bien. Ils correspondent à notre évolution.

Felicia s'occupe de son jardin avec d'autres et cet aspect de la communauté joue un rôle important. «*Dans notre communauté, chacun passe beaucoup de temps seul à s'occuper de ses propres affaires. Mais nous passons également beaucoup de temps ensemble et nous réfléchissons à la façon dont nous devons nous occuper du jardin et quelles espèces nous allons planter et comment nous pouvons mener notre vie en accord avec la nature. C'est une bonne expérience, car vivre seul peut être difficile lorsqu'on vit en accord avec la nature. C'est enrichissant de le vivre ensemble.*»

Les jardins sont faits pour tout le monde, jeunes ou vieux, hommes ou femmes. L'espèce humaine entretient un rapport particulier avec les plantes des jardins depuis des millénaires. Ce sont elles qui ont permis à l'homme de produire des cultures complexes et la société moderne. La plante de jardin est le jalon de l'évolution de l'homme et le nerf de la guerre de notre évolution.

L'Homme et les plantes de jardin : une relation de plus de dix mille ans

Cela fait plus de dix mille ans que les hommes cultivent des champs et des jardins. Toutes les plantes domestiques que nous connaissons sont issues de plantes sauvages que nos ancêtres ont cueillies. Ils gardaient une partie des graines pour les replanter. Ils influençaient par là l'évolution de la plante et la transformaient en multipliant seulement celles qui avaient meilleur goût, donnaient de plus gros fruits et ne se laissaient pas trop abîmer par les parasites ou poussaient avec beaucoup de vigueur. L'évolution se passe également dans le jardin où l'homme décide d'une partie des critères de sélection. Des milliers de plantes de culture ont été développées de cette façon depuis des milliers d'années et n'existeraient pas sans la main de l'homme.

Le maïs, par exemple, est issu d'une herbe d'Amérique centrale, la téosinte. Cette plante a de nombreux petits épis qui n'ont que deux rangs de 5 à 12 grains. Si on les compare au maïs, c'est bien maigre. C'est en les cultivant que les maïs sont devenus les légumes qu'ils sont aujourd'hui. À cause de la main de l'homme, le maïs a fait un énorme bond évolutif que les biologistes expliquent par plusieurs mutations génétiques. Ces mutations auraient dû mener à la disparition du maïs, car les épis sont trop lourds pour voler dans le vent. Les grains sont si bien collés à l'épi qu'ils ne peuvent pas tomber tout seuls sur le sol et cela veut dire qu'il faut l'aide d'un humain pour en replanter. Le maïs, qui pousse dans les champs et les jardins, n'existerait pas sans l'aide de l'homme. En contrepartie, il nous nourrit. C'est une symbiose.

Les tomates sont issues d'une espèce jaune. Les courges modernes ont des ancêtres sauvages en Amérique du Sud ainsi que dans le sud-est de l'Asie et de l'Afrique. Les pommes et les poires ont des origines européennes et d'Asie centrale. Cultiver les plantes est un des plus vieux arts et savoirs de l'homme. Nos plantes de culture et l'humanité ont plus de dix mille ans d'évolution en commun. Cela veut dire également que ce ne sont pas seulement les plantes qui ont évolué sous l'influence des hommes, mais que les cultures des hommes se sont développées sous l'influence des champs. Nous sommes donc plus liés à l'histoire et à l'évolution des plantes domestiques que celles des plantes sauvages.

De plus, les plantes sont les symboles du principe de vie. Elles couvrent, poussent et escaladent toute la planète. Elles expriment partout leur besoin de vivre et imaginent toutes sortes de stratégies et de symbioses pour coloniser les espaces de vie les plus surréalistes. Il y a même des plantes dans la neige, la glace et la profondeur des océans, ces dernières étant souvent plutôt des algues et des unicellulaires. La Terre est recouverte de plantes.

Les plantes transforment nos jardins en des lieux de beauté incroyable. Tout enfant sait intuitivement qu'une plante est un être vivant et qu'elle se distingue des tuiles et d'autres objets. Dans les plantes, coule l'« énergie verte », comme l'appelle Hildegard von Bingen. Nous prenons plaisir à prendre soin d'elles, à les voir pousser, se développer et à cueillir leurs fruits délicieux. Les plantes nous fascinent, car elles sont pour la plupart des « êtres de lumière ». Contrairement aux animaux, aux hommes et aux champignons, elles se nourrissent de la lumière du soleil tant qu'elles ont de l'eau et du dioxyde de carbone à leur disposition. Leur croissance est fortement influencée par le Soleil. Elles se dressent et tendent vers lui et leurs feuilles poussent dans sa direction. Les plantes enregistrent la lumière du soleil. Elles ne la transforment pas seulement en nutriment, mais elles stockent l'énergie du soleil sous la forme d'un tissu de mémoire qui se trouve dans leurs fruits, leurs graines et leurs racines. Lorsque nous mangeons une tomate, une pomme de terre, une carotte, une pomme, des graines, des noix, nous absorbons l'énergie du soleil qui est dans la plante. Les plantes sont la base de la nourriture : sans les plantes, il n'y a pas de vie.

Comme nous sommes actifs en journée et avons besoin du Soleil, la plante, cet être de lumière, fait particulièrement du bien à notre âme.

Les plantes ne sont pas seulement des êtres de lumière, elles sont des êtres sensoriels. Nous pouvons les percevoir avec tous nos sens.

Voir les plantes de jardin

Des couleurs brillantes et un feuillage bien vert : c'est avec nos yeux que nous percevons les couleurs incroyables dans le jardin. Nous voyons des formes, des troncs noueux, des coques de noix rugueuses, des cimes d'arbres courbes, des épis ronds. Nous reconnaissons la symétrie et l'asymétrie des formes. Certaines se répètent constamment, d'autres sont uniques.

À propos de l'esthétique, pensez à la beauté incroyable des trompettes des anges, du lilas, d'un abricotier en fleurs, d'une fleur d'aubergine. Le jardin est un régal pour les yeux.

Sentir les plantes de jardin

Le parfum du royaume des plantes séduit le nez. Les tomates sentent le sucré et l'acide et nous font saliver. Elles portent bien leur vrai nom, « fruit de paradis ».

Les fleurs ensorcèlent nos sens avec différentes notes et parfums. Saviez-vous que le parfum envoûtant et sucré de la rose a un lien avec votre passé ? Le parfum d'indole de la rose se trouve dans l'utérus. Là, le parfum a été créé par nos propres déchets dans le liquide amniotique et la substance est entrée en contact avec nous par notre bouche et nos muqueuses. L'indole en fait ne sent pas la rose, mais les fruits trop mûrs, et c'est en se combinant avec d'autres parfums qu'il sent la rose. Mais nous le reconnaissons inconsciemment. La rose nous rappelle donc, de manière inconsciente, le temps que nous avons passé dans le ventre de notre mère. C'est pour cela que nous associons cette odeur avec la chaleur et la tendresse, l'amour et le soin.

Les jardins nous offrent également une autre expérience olfactive, celle du vert. Le vert est la seule couleur qui, dans le langage commun, possède une odeur. « Ça sent le vert » : c'est comme ça que l'on décrit l'herbe fraîchement coupée ou les feuilles broyées. Les responsables de cette « odeur verte » sont les hydrocarbures qui se trouvent dans les parties végétales.

Le fait de porter à son nez une feuille ou une fleur qui sent bon pour en savourer l'odeur peut être un bon exercice pour ceux qui apprennent à reprendre le contrôle de leur corps dans un jardin thérapeutique après avoir eu un accident ou une attaque cérébrale. Il s'agit d'entraîner les compétences motrices et sensorielles.

Goûter les plantes de jardin

Nous percevons également les plantes par le goût. Les racines comme les pommes de terre, les betteraves ou les carottes ont un goût de terre. Les pâquerettes, les fleurs de courgettes et les fleurs de potiron ont un goût fleuri et légèrement sucré. Les tomates rouge foncé ou jaunes ont un goût « ensoleillé ». C'est une expérience intense que de mordre directement dans une tomate que l'on vient juste de cueillir.

C'est avant tout le jardin et tout ce qu'il a de comestible qui est rempli de différentes qualités gustatives auxquelles nous sommes conditionnés depuis dix mille ans.

Toucher les plantes

Nous pouvons toucher les plantes de jardin, prendre conscience de leur surface : par exemple leurs feuilles couvertes de poils, les écorces cassantes, les troncs et les racines lisses ou rugueux, les fruits piquants, les poils sur les herbes, la mousse douce, les enveloppes de fruits rebondies et lisses, les piquants et les épines.

Il est intéressant de toucher les plantes, et c'est un exercice thérapeutique de grande importance. Les gens qui sont aveugles peuvent, en touchant les plantes, s'entraîner à ressentir les différentes textures et matières. Certains patients peuvent toucher les plantes pour apprendre à ressentir les différentes nuances du monde et à entrer en contact avec les autres. Imaginez un patient qui a subi différentes opérations ou eu un accident et qui commence enfin à retrouver l'usage de ses doigts et de ses pieds. Les structures multiples des plantes offrent des possibilités infinies afin de sentir à nouveau le monde qui l'entoure. Quel moment de bonheur lorsque les patients sentent un chatouillement sur leur peau quelque temps après une attaque cérébrale ! Ils retrouvent petit à petit leurs sensations.

Entendre les plantes

Nous ne pouvons pas entendre directement les plantes. Elles sont très calmes. Leur langage chimique est sans paroles. Elles communiquent grâce à des bruits de clics, que les racines se transmettent entre elles et que nous ne pouvons pas entendre. Mais nous pouvons écouter le jardin dans son ensemble. Nous entendons le bruit du vent qui passe à travers les feuilles des arbres ou caresse les fleurs de potiron. Les oiseaux donnent un concert dans le jardin, la pluie fait du bruit en tombant sur les feuilles. L'ouïe fait partie de « l'expérience du jardin ». Même pour ceux qui sont malentendants ou sourds, l'expérience n'en est pas moins diminuée, car les jardins sont tellement riches en stimuli sensoriels que même ceux qui n'ont pas d'ouïe peuvent l'appréhender. Il en va de même pour la défaillance dans un autre sens : personne n'est lésé, la nature est généreuse.

Percevoir les plantes comme symboles

Lorsque nos jardins sont animés de plantes, nous pouvons trouver en elles les mêmes symboles que dans la nature sauvage. La biologiste et professeur d'université Renata Schneiter-Ulmann de Zürich a écrit dans son livre *Lehrbuch Gartentherapie* (littéralement, « Manuel de thérapie par les jardins », livre non traduit en français) à propos des caractères symboliques des plantes de jardins : « *À la couleur verte, on associe la vie, l'espoir et la jeunesse. Les perce-neige et les hépatiques, qui sont les messagers du printemps et qui apparaissent après un long hiver, annoncent une belle période de floraison, mais également de l'espoir et de la santé. Le vert printanier symbolise le renouveau, une orientation positive vers le futur ainsi que la croissance et l'épanouissement. Il peut être comparé à la situation de vie des patients lorsqu'il s'agit par exemple de nouveau départ et de changement.* »

Prendre soin des plantes

Les médecins et les psychothérapeutes qui proposent à leurs patients une thérapie par les jardins racontent toujours qu'un des aspects importants qui concernent les fleurs de jardin est qu'on peut apprendre à en prendre soin. On les soigne et on les cultive. Au printemps, on plante des graines dans la terre ou dans des pots remplis de terre. On met de jeunes plants. Il ne s'agit pas simplement de créativité, mais aussi de bienveillance. En cherchant une belle place pour nos protégés verts, nous faisons en sorte qu'ils puissent grandir correctement. Nous leur allégeons leur départ dans la vie en les plantant profondément dans la terre, mais pas trop. Nous développons un sixième sens quant à ce qui leur fait du bien. Nous nous imprégnons des plantes. Nous nous occupons de la terre avec bonheur et lui donnons suffisamment d'eau pour qu'elle puisse faire des racines dans son nouvel habitat.

Puis, on désherbe, on met de l'engrais, on arrose. Certaines plantes doivent être attachées ou ont besoin de soins particuliers. Les jeunes branches des tomates ont besoin, par exemple, d'être enlevées, et seules les branches principales sont laissées et attachées et poussent de plus en plus. Le fait d'être responsable d'êtres vivants toute l'année est quelque chose qui donne du sens à sa vie.

Nos tâches sont importantes et maintiennent en vie. Sans nous, il n'y aurait pas de jardin ni de plantes. Si nous arrêtons de nous en occuper, les plantes meurent. Les plantes de culture sont dépendantes des hommes. C'est à peu près la même chose que de s'occuper d'un animal domestique. S'occuper d'un jardin et de plantes et s'occuper d'un animal domestique sont des tâches thérapeutiques qui donne du sens à la vie et valorise l'estime de soi. Lorsqu'arrive le temps des récoltes, les plantes nous récompensent par des fruits.

Cette interaction entre l'homme et les plantes de jardin fait sens dans la psychothérapie.

Le jardin, espace de vie et de jeux pour les enfants

« Les meilleurs espaces pour jouer sont ceux qui ont toujours existé depuis que l'Homme est descendu des arbres.
Ce sont des lieux avec des cachettes pour observer les autres, des endroits pour grimper, des objets naturels comme des pierres, des bâtons, de la terre et de la boue. »
Dolores LaChapelle, skieuse américaine et écologiste, 1926-2007[1]

Lorsque je suis devenu papa, j'avais hâte d'aller dans le jardin avec mon petit garçon. Je l'ai fait très rapidement, peu

1. Dolores LaChapelle, *Sacred Land, Sacred Sex and Relationships*, Kivaki Press, 1992.

de temps après sa naissance. Je ne sais pas ce qu'il pouvait percevoir en tant que nouveau-né. Mais j'ai remarqué qu'à deux mois, les troncs d'arbres et les branches avaient un effet apaisant sur lui. Pour un bébé, les branches des arbres sont comme un mobile. Partout, il y a quelque chose qui bouge lorsque le vent souffle à travers les branches. Il y a de la couleur. Jonas regardait à chaque fois avec intérêt les branches et perdait son regard dans le toit de feuilles vertes lorsqu'on passait sous un arbre. Les premiers objets qu'il a touchés dans le jardin furent l'écorce d'un vieil abricotier et une pomme pas encore mûre. Je compris très nettement que la nature entraînait plus de stimulation sensorielle que les objets de la maison. Même le joli hochet n'avait pas le même pouvoir de fascination qu'un arbre ou un buisson. La nature a un grand pouvoir de fascination sur les petits enfants et les bébés. Comme Edward O. Wilson l'a déjà supposé, il doit y avoir quelque chose d'inné chez eux.

Pour les thérapeutes et les médecins, les jardins sont des remèdes qui fonctionnent très bien chez les petits enfants de tous les âges. Dehors, dans un jardin, les enfants se laissent distraire de leurs douleurs et de leurs souffrances psychologiques souvent en lien avec un séjour à l'hôpital. La nature éveille l'imagination. Les thérapeutes et les enfants inventent ensemble des histoires qui tournent autour de la nature et des jardins avec des nains et des elfes, des gnomes et des fées, des êtres des arbres et même des sorcières. Un garçon de 5 ans de mon voisinage avait déjà eu plusieurs opérations du cœur, et il m'a raconté l'histoire d'un nain qui avait subi lui aussi plusieurs opérations au cœur. Le nain venait constamment dans le jardin où l'enfant jouait. Le garçon me décrivit sa maison avec beaucoup de détails, dans laquelle il y avait également un lit de malade. Le nain devait supporter une grande douleur, mais était très courageux.

Lorsque j'étais enfant dans le début des années 1980, j'ai eu une opération de routine qui a eu des complications. J'ai dû passer trois semaines à l'hôpital sans mes parents et subir plusieurs interventions. Ce n'était plus de la routine. Ils pouvaient me rendre visite en journée, mais les hôpitaux à cette époque étaient affreux pour cela : je devais rester seul toutes les nuits. Je me souviens encore de ce sentiment oppressant chaque soir quand mes parents quittaient l'hôpital et me laissaient seul. Ce fut une expérience traumatisante. Quand je suis dans un hôpital, je pense parfois encore à ce souvenir. Lorsque j'étais enfant, j'ai « ouvert » une clinique pour animaux dans le jardin de ma mère. J'ai opéré avec un masque de chirurgien et un scalpel en plastique les scarabées et les escargots que j'ai trouvés, mais également des renards fictifs et des cerfs. Aucun animal ne subissait de dommages. Tout se jouait dans mon imagination. Ma « clinique vétérinaire » m'a aidé à digérer les souvenirs de l'opération et la douleur qui m'avaient oppressé.

La nature et les jardins stimulent la créativité des enfants et les aident à guérir. Elle permet de digérer des souvenirs traumatisants. Les enfants reçoivent de l'aide et de la solidarité de nains de jardin, des animaux, des plantes, des êtres imaginaires de la forêt et des jardins. Ces êtres les consolent. Il ne faut pas sous-estimer les forces curatives de l'imaginaire des enfants qui se laissent réveiller et stimuler grâce à la nature, aux plantes, aux animaux et à l'atmosphère des jardins.

Les enfants sont stimulés lorsqu'ils ont le droit d'aider à planter, nettoyer, arroser et récolter. La plupart d'entre eux aiment ces activités, tant qu'on ne leur demande pas d'être performants. Un de mes plus beaux souvenirs est d'avoir écossé les petits pois dans le jardin de ma mère. J'aimais ouvrir la cosse et laisser sortir la petite bille ronde et verte. J'aimais leur goût sucré. C'est dans ce jardin où j'ai vécu les plus beaux souvenirs de mon enfance. Tout dans ce jardin me fascinait : le tonneau avec l'eau de pluie, d'où je sauvais tous les jours des insectes et des scarabées de la noyade, les fraises rouges qui poussaient cachées, arracher les carottes mûres de la terre, jouer à cache-cache avec d'autres enfants. Lorsque j'appris que les petites bosses que je voyais dans le jardin étaient les galeries que les taupes aveugles construisent sous la terre, j'étais abasourdi et je pensais à ce système de galerie à chaque fois que j'allais dans le jardin. Il y avait deux endroits qui nous attiraient tous, nous les enfants du voisinage, c'était la forêt tout près et le jardin de ma mère. Les enfants sont très attirés par la nature.

Je voudrais que mon fils puisse avoir la chance de grandir dans un jardin. Je planifie et j'organise mon jardin déjà selon ses besoins. Il ne peut pas encore marcher, mais il le pourra bientôt. J'ai mis son bac à sable à côté d'un vieux cerisier. Roger Hart, professeur de psychologie de l'environnement à l'université de New York, a découvert dans une de ses nombreuses études que les enfants préfèrent jouer à l'ombre d'un arbre sous lequel se trouve de la terre nue[1]. Il a découvert que la plupart des enfants transforment

1. Dolores LaChapelle, *op. cit.*

leur environnement de jeux selon leurs propres besoins. Ils construisent des petites cabanes en bois et en mousse, construisent des maisons pour leurs poupées, leurs peluches et les êtres imaginaires des jardins, construisent des cabanes dans les arbres, des tentes, font des trous, construisent des échelles en corde, etc. Ces jeux auxquels les enfants jouent les aident à apprendre à résoudre des problèmes. Ils entraînent leur capacité à planifier, à vivre en groupe et à construire. Comme les enfants grandissent sans jardin et avec des jeux vidéo et des téléviseurs, ils n'apprennent pas certaines choses pratiques qu'on apprend en jouant dans la nature. Avoir un jardin permet d'introduire ces aspects créatifs dans le développement des enfants.

Je vais construire un parcours pour mon fils où il pourra marcher pieds nus. Il pourra y découvrir différents sols en herbe, en mousse, en argile, en sable, en pierre. Cela pourra aiguiser ses sens par les pieds, renforcer sa voûte plantaire et sa circulation sanguine. Cela rattache à la terre. Les enfants apprennent à sentir la terre en marchant pieds nus, ce qui renforce leur système immunitaire. Lorsque les enfants grandissent avec des jardins, ils peuvent faire l'expérience de mordre dans un fruit ou un légume qui vient juste d'être cueilli. Ils découvrent les différents goûts, qui ne sont pas aussi forts lorsqu'on goûte des légumes du commerce. Je vais planter pour et avec mon fils de vieilles variétés de légumes, comme les ont connues nos grands-parents. Ses tomates n'auront pas un goût d'eau, mais de tomate. Peu de consommateurs connaissent aujourd'hui le vrai goût de la tomate. Il n'est pas en vente dans les supermarchés pas chers, puisque dans l'industrie moderne seuls comptent le transport et le rendu. Si vous avez un jardin, plantez de vieilles variétés pour vos enfants, qui donneront des graines que vous pourrez replanter l'année d'après. Que pensez-vous des tomates que l'on appelle les « cœurs de bœuf » ou de la tomate verte zébrée ? Il existe aussi la tomate rouge zébrée.

Le monde multicolore des vieux fruits et légumes est multiple et il fascine même les jardiniers les plus expérimentés. Il est temps qu'une nouvelle génération apprenne à connaître et à apprécier la nature et ce qu'elle a à offrir. C'est également la seule façon de sauver les cultures saines qui sont remplacées très rapidement par des cultures de l'industrie de la semence.

Mode d'emploi pour des instruments de musique en courge

On peut construire des hochets pour enfants avec des potirons secs. Pour les hochets, les courges de bouteille sont les espèces qui conviennent le mieux. Récoltez les courges à l'automne. La chair doit tout d'abord sécher et rétrécir. Accrochez les courges chez vous de sorte à ce qu'autour il y ait suffisamment d'air pour leur permettre de sécher. Accrochez-les idéalement au-dessus d'un chauffage ou d'un poêle. Le mieux est qu'il y ait peu d'humidité. Les courges ne doivent pas se toucher, car cela les ferait pourrir.

Pendant qu'elles sèchent, il se peut qu'une légère couche de champignon pousse dessus. Essuyez-la avec une serviette. Veillez à ce que les courges ne deviennent pas molles ni ne pourrissent par endroits.

Quand les fruits sont secs, le hochet est prêt. La chair est sèche et les graines qui se sont détachées font des bruits quand on les secoue.

Bien sûr, vous pouvez transformer les courges en des instruments de musique comme le kalimba que les enfants aiment tout particulièrement. Si vous êtes très manuel, vous pouvez construire un sitar ou un tambour en courge, car elle offre une bonne caisse de résonance. Il existe également des courges très longues et fines qui, après avoir séché, peuvent se transformer en un didgeridoo avec de belles notes de basse et de belles harmoniques. Les Australiens construisent traditionnellement leur didgeridoo dans des branches d'eucalyptus qui ont été trouées naturellement par les termites.

Les enfants vont adorer jouer sur des instruments qu'ils peuvent voir pousser dans le jardin. C'est bien plus précieux que tous les hochets achetés dans les magasins. Les objets du quotidien peuvent également être construits en courge : bouteilles, cuillères, récipients, figurines, objets de décoration et bien d'autres encore. La créativité n'a pas de limite et Internet est rempli de modes d'emploi.

Les courges accompagnent les hommes depuis des milliers d'années. Les ethnobotanistes ont découvert que nos ancêtres utilisaient les courges comme récipients pour l'eau et la nourriture, pour en faire des instruments de musique et pour des objets de culte avant même l'invention de l'agriculture. Les premiers cultivateurs ont planté les courges il y a plus de dix mille ans, aussi bien en Asie de l'Ouest et en Afrique qu'en Amérique centrale et en Amérique du Sud. Elles comptent parmi les plus vieilles plantes de culture de l'humanité. Pour les Huichols du Mexique, les courges ont une signification mythologique particulière. Les Huichols ont un rite pour l'anniversaire de leur enfant, qu'ils célèbrent chaque année pour les relier avec les êtres de la nature et leur permettre de faire partie des Huichols et de l'histoire de la Terre. Ce rite est également en l'honneur de la « mère eau de l'est », créatrice de la courge et de toutes les plantes et protectrice des enfants.

Un chaman raconte en présence du grand-père feu toute la journée et toute la nuit des histoires à propos de la création de la Terre et d'un lieu sacré où vivaient autrefois les Huichols. Les enfants et même les nourrissons reçoivent des hochets en courge. Ils jouent, et les courges symbolisent les ailes qui les portent dans le lieu sacré dont on raconte l'histoire. Les enfants peuvent dormir et veiller quand ils veulent. Ils se laissent accompagner par les sons des hochets en courge et les bruits de tambour et les chants vers le sommeil et lorsqu'ils se réveillent le lendemain, tout le monde savoure un bon repas de courge.

Plus tard, lorsque les enfants ont 10 ans, les adultes les emmènent en pèlerinage vers ce lieu sacré dont ils ont entendu parler lors des rites de leur enfance.

Peut-être que cette histoire à propos des Huichols pourra vous inspirer pour faire un grand feu pour vos enfants et pour danser, chanter et raconter des histoires autour du feu comme l'a fait l'*homo sapiens* pendant des siècles.

Le professeur new-yorkais Roger Hart s'est rendu compte que les enfants qui grandissent avec un jardin et des plantes se débrouillent mieux dans la nature que ceux qui ont grandi sans. Ils reconnaissent les arbres, les buissons, les fruits et les fleurs sauvages. Ils savent quelles baies sont comestibles et à quelle saison ils peuvent les récolter. Les enfants des jardins développent un sens pour les saisons. Ils savent quand vient le temps des récoltes et quand il faut planter. Ils reçoivent la meilleure éducation possible en apprenant comment se nourrir grâce à leur propre jardin. C'est le meilleur investissement sur le futur pour nos enfants. Cela leur donne de l'assurance en cas de crise.

Les jardins peuvent devenir un projet intergénérationnel lorsqu'il s'agit de transmettre un savoir et des capacités à leur propos. Mais ce ne sont pas seulement les enfants, mais aussi les vieilles personnes qui profitent des jardins, et les jardins profitent d'eux.

L'oasis de Mathusalem, un jardin pour les vieilles personnes

« Les personnes âgées sont comme les musées : ce n'est pas la façade qui est importante, mais les richesses intérieures. »
Jeanne Moreau,
comédienne et réalisatrice française née en 1928

Mon grand-père est mort à près de 90 ans. Il venait d'une époque où tous les foyers qui vivaient en bordure de ville et dans les villages avaient un jardin aromatique et un potager à eux. Il disait souvent qu'il trouvait ça dommage que les gens perdent de plus en plus le lien avec la nature et que les jardins n'aient plus leur fonction de fournisseur naturel en devenant de plus en plus des espaces stériles.

Dans le jardin de mon grand-père, il n'y avait pas une plate-bande où il ne poussait qu'une sorte de fleurs. Il ne connaissait pas les rangées, mais le désordre poussait superbement et donnait chaque année une récolte très riche. Il y avait peu de parasites. Les plantes poussaient à côté de celles qui leur faisaient du bien et s'entraidaient à combattre les parasites. Les plantes qui avaient des racines profondes apportaient les minéraux à la surface. Les insectes utiles vivaient dans et autour du jardin et rendaient inutile tout traitement.

Les orties avaient le droit de s'étendre. Mon grand-père disait que c'était bon signe et que cela voulait dire que le sol était riche en minéraux. Il en faisait des tisanes et les utilisait comme engrais naturel. Lorsqu'une fois, je suis tombé dans les orties, il m'a dit que c'était bon pour la santé. Mais j'ai quand même beaucoup pleuré.

Mon grand-père possédait un grand savoir à propos du jardinage et de la nature. Il me l'a transmis à propos des arbres et m'a emmené en forêt pour que l'on se promène. Il avait étudié la sylviculture et il a travaillé comme garde forestier jusqu'à sa retraite. Enfant, c'était, pour moi et mes amis, toujours incroyable de se promener dans son jardin avec lui. Il remuait les oreilles, ce qui nous faisait beaucoup rire. Puis, lorsque je suis devenu adolescent, mon grand-père est devenu trop faible et c'en a été fini de son jardin. Il ne pouvait plus marcher, mais ne voulait quand même pas se mettre dans un fauteuil roulant. Et lorsqu'il a fini par se laisser convaincre, nous l'avons poussé à l'air frais souvent dans son jardin.

Les gens doués portent en eux un savoir immense. Ils ont souvent beaucoup d'histoires en rapport avec la nature à raconter et passer une journée avec une vieille personne dans un jardin est une expérience enrichissante. Si mon grand-père était encore en vie, je passerais beaucoup de temps avec lui dans mon jardin. Il m'expliquerait comment tailler les arbres fruitiers pour augmenter le nombre de fruits et comment bien protéger les arbres. Mais j'ai dû apprendre tout seul à couper les arbres et je me suis documenté dans des livres.

Dans les jardins, les générations peuvent se rencontrer. Les vieilles personnes ont des histoires à raconter aux jeunes, car les plantes de jardins offrent de nombreuses possibilités de tisser des liens.

De plus en plus d'hôpitaux gériatriques et de maisons de retraite plantent des jardins potagers. Les personnes âgées peuvent ainsi structurer leur journée et passer du temps qui donne du sens à leur vie. Même celles qui sont dans un fauteuil roulant peuvent jardiner.

Il est important d'offrir aux vieilles personnes suffisamment d'endroits d'où elles peuvent avoir une belle vue sur le jardin. Ainsi, elles pourront observer leur travail et se reposer.

De nombreuses personnes âgées souffrent d'angoisse intérieure. Elles déambulent parfois sans fin, ce qui augmente leur risque de tomber. Vous pouvez aménager pour elles un chemin stable dans leur jardin afin qu'elles puissent marcher et calmer leur insécurité grâce à la nature.

Friedrich Neuhauser, médecin gérontologue, s'est rendu compte que les patients qui prennent part aux activités dans un jardin ont moins besoin de prendre des médicaments et des antidouleurs.

Le jardin thérapeutique ne marche pas seulement pour les vieilles personnes et les enfants, mais également à l'occasion d'une maladie.

Le jardin anticancérigène : une forêt curative chez soi

Les jardins ont les mêmes effets que la pleine nature sur la guérison thérapeutique. Rien n'est plus bénéfique pour la santé que les forêts qui nous maintiennent en bonne santé. Si vous avez un jardin à votre disposition et que vous voulez l'arranger afin qu'il stimule votre système immunitaire, vous pourrez trouver dans les paragraphes suivants des conseils pour le faire. Si vous n'avez pas de jardin, ces conseils pourront vous servir de source d'inspiration. Un jardin anticancérigène doit être élaboré de façon qu'il fasse du bien à l'âme et au corps.

Mode d'emploi pour construire un jardin anticancérigène

LE MODÈLE DE LA FORÊT

J'ai beaucoup insisté sur le fait que le *shinrin-yoku*, la baignade en forêt, stimule notre guérison. Pour mémoire, notre système immunitaire comprend le langage des terpènes que produisent les arbres et cela permet d'augmenter le nombre et l'activité des cellules tueuses ainsi que des protéines anticancérigènes. Les terpènes jouent donc un rôle essentiel dans la prévention contre le cancer.

Vous pouvez transformer votre jardin en un endroit semblable à une forêt dont l'air vous soignera. Vous ne parviendrez pas à faire en sorte que votre jardin ressemble totalement à la forêt, mais vous pourrez vous en approcher. La forêt de jardin convient parfaitement comme remède anticancérigène. Elle a des rangées d'arbres, des buissons, des herbes, des racines, exactement comme dans la forêt.

L'avantage d'avoir une forêt dans son jardin est qu'elle garde l'air sain que produit votre jardin. Les forêts de jardin sont les jardins de la biophilie par excellence. Aucun autre jardin n'apporte autant d'effets devant notre porte que la nature sauvage.

CHOIX DES ARBRES

En principe, toutes les plantes libèrent des substances végétales secondaires dans l'air, dont beaucoup sont saines lorsque nous les inspirons. Nous savons que les arbres libèrent de nombreux terpènes anticancérigènes qui sont comme des baumes pour notre système immunitaire.

Les scientifiques japonais spécialistes de la forêt ont prouvé que les conifères sont les arbres qui libèrent le plus de terpènes dans l'air. Ce sont :

- le cèdre ;
- le cyprès ;
- le pin ;
- le sapin.

Après les conifères, viennent les feuillus :

- le hêtre ;
- le chêne ;
- le bouleau ;
- le noisetier.

Si vous avez peu de place, plantez de petites espèces : le pin des montagnes, le pin nain, l'épicéa nain, le genévrier, le bouleau nain. Le charme et le noisetier restent petits quand on les taille.

Les arbres fruitiers comme les pommiers, les poiriers, les abricotiers, les pruniers, les cerisiers ou les pêchers ont des fruits remplis de vitamines qui sont parfaits pour combattre le cancer. Ils peuvent être plantés dans des petits jardins. Le fait de les tailler en hiver leur permet de garder une taille modérée.

Jusqu'à présent, personne n'a mesuré le taux de terpènes libéré par les arbres fruitiers, car toutes les études concernent les arbres de la forêt. Mais les scientifiques savent tout de même que tous les arbres et toutes les plantes sont source de terpènes.

CHOIX DES BUISSONS

Les oiseaux vous remercieront d'avoir choisi de planter des buissons qui poussent déjà naturellement dans votre région. C'est bon pour les oiseaux et cela apportera également de la bonne humeur à votre forêt de jardin. Cela renforcera le sentiment de vous trouver loin de tout alors que vous êtes à la maison. Le chant des oiseaux vous apportera du bien-être et vous protégera du cancer. De nombreux buissons ont des baies et des fruits qui sont riches en vitamine C et qui renforcent notre système immunitaire. Vous pourrez faire des confitures et des jus. Quant à l'odeur des fleurs, elle est souvent source de bien-être.

Vous trouverez dans la plupart des régions d'Europe centrale ces buissons grâce auxquels vous allez pouvoir attirer des oiseaux dans votre jardin :

- l'aubépine qui porte des fruits comestibles ;
- le cornouiller qui porte des fruits et des fleurs comestibles ;
- le sureau qui porte des fruits et des fleurs comestibles ;
- le sorbier qui porte des fruits comestibles s'ils sont cuits ;

- le noisetier qui porte des fruits comestibles ;
- le rosier sauvage qui porte des fleurs et des fruits comestibles ;
- l'églantier ou le cynorrhodon qui porte des fruits comestibles ;
- l'argousier qui porte des fruits comestibles ;
- le prunellier qui porte des fruits comestibles après les gelées.

Vous n'êtes pas obligé de déterrer vous-même ces buissons dans la forêt après en avoir parlé avec le garde forestier. Il existe des pépinières qui en vendent. Vous ne les trouverez pas nécessairement sur les marchés ou dans des magasins en gros.

CHOIX DES LÉGUMES, DES FRUITS ET DES HERBES

Pendant que les arbres et les buissons constituent la strate des herbacés, les herbes et les légumes constituent la strate des racines. Les plantes à baies grimpent, comme dans la forêt, le long de bois en hauteur. Dans un jardin anticancérigène, les plantes comestibles ont un effet important pour combattre le cancer.

Pour Ruediger Dahlke, le tout est plus que la somme de ses parties. On le voit très bien dans l'alimentation. Si vous mangez une pomme, vous ingérez 10 milligrammes de vitamine C. Mais l'action anti-oxydante de la pomme correspond à 2 300 milligrammes de vitamine C pure. C'est le « tout » de la pomme qui en fait sa valeur, et non la vitamine C isolée.

« Anti-oxydante » veut dire que la substance saine capte les radicaux libres qui se trouvent dans le corps. Les radicaux libres sont néfastes pour notre corps, car ils nuisent à l'ADN et sont cancérigènes. C'est en mangeant des anti-oxydants que nous les attrapons. Ce ne sont pas les quelque 2 000 milligrammes de vitamine C de l'industrie pharmaceutique qui nous protègent du cancer, mais la pomme du jardin anticancérigène et ses nombreuses substances, alors que la pomme en elle-même ne contient qu'un peu de vitamine C. Un pommier doit absolument faire partie d'un jardin anticancérigène. Les autres arbres fruitiers ont le même effet anticancérigène, car tout fruit renforce le système immunitaire.

Les baies sont les plus grands ennemis des cancers et des tumeurs. Elles sont remplies d'anti-oxydants et d'autres substances anticancérigènes.

L'acide ellagique est une substance anticancérigène qui détruit les cellules empoisonnées. Elle est présente dans les framboises, les mûres, et surtout dans leurs graines. Alors que l'industrie agraire cultive des framboises sans pépins, mâchez bien les pépins de vos framboisiers, ils vous feront du bien. Cette substance se trouve dans la chair des fraises et des canneberges et les noisettes en contiennent aussi.

Le lycopène, pigment rouge que l'on retrouve dans la tomate, est également anti-oxydant et protège du cancer. Mangez les tomates aussi bien crues que cuites. Nous absorbons mieux le lycopène dans les tomates cuites, mais les minéraux sont plus présents dans les tomates crues, parce qu'ils sont dénaturés par la cuisson. Le raisin contient du resvératrol, un anti-oxydant. Plantez-le dans votre jardin.

L'oignon, l'échalote, le poireau et l'ail inhibent la croissance des cellules cancérigènes et contiennent des substances qui protègent nos cellules. L'ail frais est le plus efficace. Consommez-le tout de suite après l'avoir écrasé, la substance perd tout de suite son effet.

Les choux et ses cousins, le brocoli, le chou-fleur, le chou de Bruxelles, sont des armes efficaces pour combattre le cancer et ils devraient faire partie à tout prix d'un jardin anticancérigène. Plantez en automne des espèces de chou qui poussent en hiver et vous aurez des vitamines et des anti-oxydants.

Si vous mangez avant tout les fruits, les légumes et les baies de votre jardin, vous ne dépendrez pas des supermarchés pour acheter des aliments qui peuvent contenir des pesticides. C'est également une façon de se protéger contre le cancer, les pesticides peuvent faire un effet « cocktail » dans notre corps avec tous les différents pesticides qui s'y rencontreraient. De plus, vous pouvez planter dans votre jardin des espèces qui n'existent quasiment plus dans les magasins.

Votre jardin anticancérigène a besoin des plantes suivantes :

- des raisins ;
- des framboises, des mûres, des mûres de Logan, des Tayberries ;
- des airelles (qui sont très riches en anti-oxydants), des canneberges ;
- des groseilles à maquereau ;
- des tomates ;
- des potirons ;
- de l'ail, des oignons, des échalotes ;
- des choux frisés ;
- du brocoli, des choux-fleurs, des choux de Bruxelles ;
- du pak choï, du tatsoi, du mizuna, du Red Giant, du Garnet Giant.

Aménagement d'un jardin anticancérigène

Arrangez votre jardin comme vous le voulez, selon votre créativité.

Plantez un arbre ou un buisson tous les 6 à 10 mètres. Utilisez des espèces naines pour les jardins plus petits ou taillez-les. Répartissez les buissons entre les arbres ou plantez-les le long d'un chemin.

Une haie de conifères à la frontière de votre jardin gardera ce qu'il y a de bon dans votre jardin et maintiendra ce qu'il y a de néfaste à l'extérieur.

Vous n'êtes pas obligé de planter tout l'espace avec des arbres et des buissons. Plantez des arbustes par exemple dans la zone de bordure, et laissez les buissons de baies pousser le long des arbres. Plantez des airelles et des canneberges entre les arbres, ce sont des magiciens contre le cancer.

Plantez le long des chemins et dans une zone ensoleillée les herbes et les plates-bandes et les plantes anticancérigènes.

Pour ceux qui se sont sentis inspirés par le chapitre sur la sexualité dans la nature, une forêt qui devient de plus en plus épaisse et qui a des cyprès ou des haies permettra de cacher votre nid d'amour. Dans une forêt de jardin, vous pourrez intégrer tous les aspects de la nature humaine et c'est ce qui fera de lui un vrai jardin anticancérigène.

Le jardin anticancérigène, un espace pour l'âme

Grâce à ce livre, nous savons que notre esprit influence notre système immunitaire. Il est donc clair que notre esprit peut nous protéger du cancer. Car c'est le système immunitaire qui trouve les cellules dégénérées et qui combat les tumeurs. Il a été prouvé que le stress chronique stimule le cancer, mais il existe également un autre débat, controversé celui-là, qui dit que les angoisses, la dépression et les besoins étouffés et niés favorisent le cancer. Le jardin anticancérigène offre une prévention contre le cancer et contre tous ces symptômes. La forêt réduit le stress et offre un espace où l'on peut exprimer et vivre ses besoins, ainsi que son amour de la nature. Vous aurez l'impression d'être loin de la vie stressante et trop active, et cela vous fera du bien.

J'ai déjà dit que nous ne pouvons pas reconstruire l'écosystème de la forêt parfaitement dans un jardin. Mis à part le fait que la plupart d'entre nous voulons également des endroits espacés et ensoleillés, les arbres d'un jardin ne seront jamais aussi denses que dans une forêt. Ils ne sont pas assez proches pour cela et les baies et les autres plantes ont besoin de soleil. Nous, les hommes, avons aussi besoin de soleil, car nous sommes, comme les plantes, des êtres de lumière.

Mais le fait que nos forêts de jardin ne deviennent pas denses a un autre avantage : ils ressemblent ainsi à une savane. Notre cerveau reptilien nous remercie pour ça, car nous sommes entourés d'aliments, d'arbres qui nous offrent de l'ombre et de la protection. Nous pouvons voir à travers les arbres et nous pouvons garder un œil sur ce qui nous entoure. Ainsi, nous pouvons nous protéger. Les forêts de jardin nous offrent donc également « l'effet de la savane ».

Si vous avez une source d'eau naturelle, installez une fontaine qui fait un son agréable. Laissez-la devenir un ruisseau tranquille et faites en sorte que l'eau s'écoule à nouveau dans la terre. C'est un cycle écologique et l'eau ne se perd pas.

Vous pouvez également faire un petit étang dans lequel pousseront de jolies plantes d'eau. Si vous n'avez pas de source, faites en sorte de pouvoir collecter l'eau de pluie. Ainsi, vous pourrez arroser les plantes avec cette eau.

Transformez votre jardin en un salon vert comme celui de Ruediger Dahlke à Bali.

Modelez-le selon votre envie, plantez des fleurs que vous trouvez jolies. La floraison des arbres fruitiers ainsi que le sureau et la glycine font du bien aux sens. Les rosiers sont en fleurs du printemps à l'automne dans une multitude de couleurs et nous rappellent inconsciemment l'utérus de notre mère.

À l'université du Kansas, les scientifiques ont découvert que la couleur rouge des géraniums aidait les femmes à récupérer de stress émotionnels. Ils ont prouvé que la vision de fleurs ne détendaient pas autant les hommes que les femmes. Ils ont également démontré que la vue et l'odeur de la lavande réduisaient le taux d'ondes béta. On associe les ondes béta au stress, à l'agitation et aux soucis. Leur activité n'aide pas à réduire le stress. La lavande ne baisse pas seulement le niveau des ondes béta, mais elle augmente aussi le niveau de détente. L'effet est encore plus mesurable chez les femmes que chez les hommes. Que mes lecteurs mâles n'abandonnent pas si vite, car l'université du Kansas a prouvé également que la vision des fleurs dans un jardin peut faire peur aux hommes. Dans la même étude, il a été démontré que les fleurs réduisent les envies de concurrence entre les hommes.

Choisir les plantes est quelque chose de créatif qui fait plaisir. Réfléchissez où vous allez planter quoi afin d'augmenter votre détente.

N'oubliez pas de construire un espace pour le feu. Le feu est depuis la préhistoire un lieu de rencontre entre les gens et il permet d'ouvrir son âme. « *Ça me fait de la peine lorsque les gens n'ont pas de vrai feu chez eux. Je ne sais pas comment ils peuvent vivre sans* », m'a dit Jane Faith, une Anglaise qui se nourrit de ce qu'elle cultive, alors que nous étions en train d'aménager un feu dans son jardin paradisiaque. Le soir, autour du feu, elle pouvait contempler les flammes et apaiser son âme, raconter des histoires à ses enfants ou faire de la musique avec des amis ou sa famille. Cela aide certaines personnes à écrire ce qu'ils ont sur le cœur sur un papier et à le jeter aux flammes ensuite. Ce n'est pas un remède miracle, mais il peut servir de symbole pour laisser derrière soi ce qui nous oppresse. Il m'est peu utile de jeter mes souvenirs, pensées et conflits dans les flammes, mais lors de mes recherches pour ce livre, j'ai rencontré de nombreuses personnes qui m'ont dit que cela les aidait symboliquement de jeter leurs conflits aux flammes. En tout cas, le feu est une expérience mystique, un besoin archaïque de l'homme qui aide à combattre le stress et déclenche la fascination.

Si vous voulez attirer des bêtes utiles à l'environnement, placez dans un endroit ensoleillé un muret de pierres sèches pour que les abeilles sauvages, les scarabées et les lézards puissent y habiter. Ils protégeront vos légumes et vos fruits. Placez un tronc d'arbre dans votre jardin : vous aurez de la place pour vous asseoir et cela fera également de la place pour les insectes utiles.

Mettez des symboles qui vous parlent dans votre jardin. Un jour, j'ai visité un jardin pour cancéreux. Le mot «*hope*» (espoir) était écrit sur une pierre, dans un endroit calme. Les patients et les visiteurs pouvaient s'asseoir et en profiter. Dans un autre endroit, était inscrit, dans le tronc d'un arbre, «*strength*» (force).

En vous exprimant de façon créative dans votre jardin, vous vous fonderez avec lui. Vous serez une partie de lui. Votre jardin deviendra un lieu de puissance pour votre âme, pour votre esprit et pour votre corps. Il sera un eldorado pour réduire votre stress et vous régénérer, un endroit pour vous retirer du stress du quotidien et de la pression de la vie active. Votre système immunitaire en profitera.

Encore un conseil

Couvrez vos légumes et vos fruits par une couche de paillage d'herbe, de foin ou de paille. Elle doit être de 10 centimètres d'épaisseur. Elle protégera la terre et l'empêchera de sécher et vous ne serez pas obligé de l'arroser abondamment. Lorsque le soleil est bas, le paillage l'empêche de brûler les plantes et les garde au chaud pendant les nuits froides. Lorsqu'il pleut, il protège la terre et empêche l'érosion.

Le paillage favorise la vie dans le sol et invite les vers de terre, ce qui augmente le nombre de terpènes dans l'air.

Le jardin, ce pont vers l'autre monde : mourir dans un jardin

« *L'amour, c'est Dieu, et mourir signifie pour moi, parcelle de cet amour, retourner au grand tout, à la source éternelle.* »
Léon Tolstoi, écrivain russe,
1828-1910, *Guerre et Paix*

Le comédien et l'artiste de cabaret Roland Düringer a déclaré dans notre livre, *Leb wohl, Schlaraffenland*, la chose suivante : « *J'aimerais avoir le droit de mourir quand je voudrai mourir.* » Il ne veut pas quitter ce monde attaché à une machine respiratoire. « *J'aimerais mourir là où je l'ai décidé. Je ne pouvais pas choisir où j'allais naître, sinon j'aurais choisi un autre endroit que l'hôpital Kaiser-Franz-Joseph à Vienne. Mais je ne veux pas aller dans un hôpital. Je préfère aller dans la forêt.* »

Ephraim Kishon, qui a vécu de 1924 à 2005 et qui est un auteur israélien d'origine hongroise, a dit : « *Je ne me sens pas vieux parce que j'en ai trop derrière moi, mais seulement parce que j'en ai peu devant moi.* » Les psychologues disent que nous vivons la plupart du temps avec l'illusion de l'immortalité. Nous ne sommes pas conscients du fait que nous sommes éphémères. C'est un mécanisme de défense de notre cerveau. L'écrivain Tiziano Terzani, joué par Bruno Ganz dans le film *La fin est mon commencement : Un père raconte à son fils le grand voyage de sa vie*, demande : « Pourquoi est-ce que nous avons si peur de la mort alors que tout le monde l'a vécue avant nous ? » Terzani est mort à l'âge de 66 ans, en juillet 2004, dans sa hutte de jardin, entouré des siens, des plantes et des animaux.

Ce n'est pas seulement la nature sauvage qui est un énorme cimetière dans lequel dorment tous les êtres vivants qui n'ont jamais vécu. Dans les jardins aussi, la mort est présente. La nature nous apprend le cycle de la vie. Les plantes donnent des graines, prospèrent, fleurissent et meurent. Lorsqu'elles meurent, leur corps retourne à la terre pour nourrir les générations suivantes. Même l'arbre le plus robuste ne sera plus là un jour et les animaux aussi partagent le même sort. L'arbre qui a inspiré Michael Jackson ne vivra pas éternellement, mais la vie est une affaire de relations. Les enfants de Michael Jackson continueront à entretenir une relation avec l'arbre de leur père en son souvenir. Personne ne quitte ce monde sans laisser de trace.

Un jardin naturel est comme la nature sauvage, un endroit pour vivre et pour mourir, un endroit du devenir et du passage. L'amour de la nature, la biophilie, doit donc se réconcilier avec la mort puisqu'elle fait partie de la vie. Personne ne vit sans mourir. De ce point de vue, tous les êtres sont semblables.

Comme Roland Düringer aimerait mourir dans une forêt, j'aimerais mourir dans un jardin. Jusqu'à mon dernier souffle, j'aimerais participer au cycle de la vie et j'aimerais que ma mort me solidarise avec les êtres vivants du jardin qui prennent le même chemin que moi. Tiziano Terzani s'est émerveillé jusqu'à son dernier souffle du mystère de la nature : « *Qui maintient l'ensemble, qui ou quoi ? Qui fait que les oiseaux chantent ? Il existe un être cosmique et lorsque tu sens que tu lui appartiens, alors tu n'as besoin de rien d'autre.* » Terzani est mort avec une certitude : « *La fin est le commencement. Ce qui est à venir est peut-être la chose la plus nouvelle qui m'est arrivée. La mort est vraiment la seule chose nouvelle qui peut encore m'arriver.* »

Notre dernier voyage est tout autant un mystère que la vie et la nature. « *Nous allons vivre, seul le temps meurt* », écrit Erich Maria Remarque qui a vécu de 1898 à 1970.

Que l'on soit religieux ou non, que l'on croie en une conscience intemporelle ou au fait que la mort du cerveau est la fin, faire ses adieux dans un jardin peut permettre de lâcher prise. Lorsqu'il s'agit de mort et de faire ses adieux, d'accepter une maladie incurable, les jardins se transforment alors davantage en espaces pour l'âme qu'en jardins curatifs, surtout lorsque la guérison physique est impossible. Les paysagistes John Siegmund et Tom Runa dessinent des jardins pour les mourants. Leur jardin de l'hospice de Bonner Community à Sandpoint dans l'Idaho n'est pas le seul dans son genre ; il existe des jardins dans les hospices dans le monde entier. Un hospice est une institution où les gens qui souffrent de maladies potentiellement incurables sont soignés et accompagnés. Les personnes malades sont de tout âge : enfants, personnes d'âge moyen et personnes en fin de vie.

Le jardin de l'hospice Bonner Community de John Siegmund et Tom Runa, dont l'ouverture a eu lieu en 2004, a été financé par des dons. Comme un jardin pour mourants a des exigences particulières pour les paysagistes, on y trouve des éléments qui ne sont pas présents dans tous les jardins. Ainsi, ils ont construit une chapelle en bois, en pierre et avec d'autres matériaux naturels, qui s'insère dans le jardin comme si elle sortait de la terre. Elle est entourée par des arbres qui la protègent avec leurs branches. Tout autour se trouve une mer de fleurs. La chapelle a été dessinée de telle sorte qu'elle soit agréable pour les pratiquants de toutes les religions, mais aussi pour ceux qui sont sans religion. C'est une chapelle interreligieuse et interculturelle. Le jardin comprend aussi un espace caché pour méditer, ainsi que plusieurs espaces en plein air dans lesquels on peut méditer ou se reposer. Le directeur de l'hospice, Gene Tomt, a décrit la philosophie de ce jardin de la façon suivante : « *Nous voulions créer un sanctuaire naturel de contemplation, de guérison et de souvenir pour les personnes de toutes les religions et de tous les contextes, rattachées à notre hôpital*[1]. »

Le jardin de l'Idaho offre un endroit de bien-être et de consolation, qui contraste avec la routine de l'hôpital à laquelle les malades et les mourants sont souvent confrontés. Lors de sa création, les paysagistes ont fait attention à ce qu'il soit empreint de naturel et de sauvage. Le jardin est un morceau de nature cultivée. Celui qui y

1. Clare Cooper Marcus et Naomie Sachs, *Therapeutic Landscapes – An Evidence-based Approach to Designing Healing and Restorative Outdoor Spaces*, Wiley Hoboken, 2014, p. 172.

pénètre fait un intense voyage sensoriel en allant d'une zone à une autre. Chaque espace du jardin est empreint de symboles et d'art qui traitent de thèmes autour de la vie et de la mort.

De plus, la nature offre de nombreuses possibilités de réfléchir à la vie et au passé. Aucune plante du jardin, pas même l'arbre le plus majestueux, ne vit éternellement. Tous les êtres partagent le même destin. N'oublions pas cet aspect lorsqu'il s'agit de l'effet des jardins pour mourants. Il s'agit de solidarité entre les êtres vivants et de partager l'expérience de la mort. Dans un jardin pour mourants, l'évanescence des êtres qui germent, poussent, fleurissent, rampent, grimpent, chantent, méditent et font de la musique n'est pas un tabou ; elle fait partie de la nature de l'homme.

Dans certains endroits du jardin, le souvenir de ceux qui ont quitté ce monde est au centre. On y a gravé dans la pierre et dans le métal leur nom, des symboles, des poèmes et des mots d'amour. Tout le jardin est axé sur le calme et la paix, mais également sur la force et la constance. L'endroit est donc rempli d'arbres puissants et il ressemble à un paysage de montagne avec des clairières où poussent les plus belles plantes. On y trouve une chute d'eau, un ruisseau et des étangs calmes. Il y a une maison de thé pour se retrouver et communiquer.

Le jardin est utilisé par les patients de tous les âges ainsi que leur famille, leurs amis et le personnel de l'hôpital. Comme ce jardin n'est pas un lieu de tristesse et de souffrance, on y célèbre des mariages, des anniversaires, on y donne des concerts. Ce n'est pas un jardin de la pitié et du sacrifice.

Toute personne qui est proche de la mort vit cette phase comme une sorte de passage vers l'inconnu et l'incertain. C'est pour cela que le jardin de l'Idaho contient des éléments qui peuvent transcender le quotidien. La mort est autre chose qu'une expérience anodine. Elle est, comme l'a dit Tiziano Terzani, la dernière chose nouvelle que le corps de l'homme va vivre.

Être loin de tout et expérimenter la vie dans la nature est essentiel pour faire du bien à son âme. J'ai évoqué cette idée dans plusieurs passages de ce livre. Les jardins pour mourants permettent aux patients de s'éloigner du quotidien qui les oppresse. On ne voit même pas l'hôpital quand on se trouve dans le jardin de John Siegmund et de Tom Runa.

L'ouïe est le dernier sens qui disparaît lorsqu'on meurt, ou, dit autrement : l'ouïe est le sens qui reste le plus longtemps actif avant de mourir. L'ambiance sonore est donc importante. C'est elle qui accompagne dans la mort. Comme les bruits sont agréables dans les jardins curatifs, on peut donc dire avec confiance que les jardins pour mourants sont essentiels. Les bruits de la nature nous apaisent et nous détendent. Les personnes qui choisissent d'aller dans des jardins pour mourants vers la fin de leur vie veulent certainement mourir dans un jardin et non dans un lit. Le chant des oiseaux, les cigales, l'eau qui coule, les bruissements des feuilles et le vent qui souffle dans les arbres, tout cela peut s'entendre dans tous les coins du jardin et apporte l'apaisement à tous les visiteurs.

Un jour, lorsque je mourrai dans mon jardin, le chant des oiseaux m'accompagnera dans la mort et ce sera la dernière nouvelle expérience de ma vie.

Pour terminer, voici une citation du poète allemand Matthias Claudius du VIIIe siècle : « *Telle la feuille qui tombe de l'arbre, l'homme quitte ce monde. Les oiseaux continuent de chanter.* »

Remerciements

Ce livre a été enrichi grâce à la préface du médecin et écrivain Dr Ruediger Dahlke. Je le remercie pour sa gentille contribution.

Merci à l'ethnobotaniste et écrivain Dr Wolf-Dieter Storl pour nos discussions très inspirantes, pour son hospitalité et ses retours sur mon manuscrit.

Merci au Dr Thomas Haase, directeur de l'université pédagogique de l'environnement et de l'agriculture, pour sa lecture constructive du manuscrit et ses retours juste avant l'impression.

Aux Éditions a : merci pour votre engagement et vos contributions.

Je remercie également très chaleureusement les personnes que j'ai interviewées et qui ont rendu ce livre meilleur grâce à la description de leur expérience dans la nature.

Et puis, en dernier, mais non le moindre : je vous remercie, mes lecteurs, qui m'ont fait confiance en lisant ce livre qui, je l'espère, vous aura plu.

Maquette et composition :
Soft Office (38)

Cet ouvrage a été imprimé par
CPI Firmin Didot à Mesnil-sur-l'Estrée
pour le compte de France Loisirs
en décembre 2017

Numéro d'éditeur : 90247
Numéro d'imprimeur : 144301
Dépôt légal : décembre 2017
Imprimé en France